É RINDO QUE SE APRENDE

Uma entrevista a
GILBERTO DIMENSTEIN

MARCELO TAS

É RINDO QUE SE APRENDE

Uma entrevista a
GILBERTO DIMENSTEIN

Capa: Fernando Cornacchia
Fotos: Drago
Coordenação: Beatriz Marchesini
Transcrição: Nestor Tsu
Edição: Aurea Guedes de Tullio Vasconcelos e
Beatriz Marchesini
Diagramação: DPG Editora
Revisão: Ana Carolina Freitas,
Isabel Petronilha Costa e
Julio Cesar Camillo Dias Filho

Dados Internacionais de Catalogação na Publicação (CIP)
(Câmara Brasileira do Livro, SP, Brasil)

Tas, Marcelo
É rindo que se aprende: Uma entrevista a Gilberto Dimenstein. – Campinas, SP: Papirus 7 Mares, 2011.

ISBN 978-85-61773-20-5

1. Carreira profissional 2. Entrevistas 3. Histórias de vida 4. Tas, Marcelo, 1959- – Entrevistas I. Dimenstein, Gilberto. II. Título.

11-06148   CDD-920

Índice para catálogo sistemático:

1. Comunicadores educadores: Entrevistas: Biografia 920

Exceto no caso de citações, a grafia deste livro está atualizada segundo o Acordo Ortográfico da Língua Portuguesa adotado no Brasil a partir de 2009.

1ª Reimpressão
2012

Proibida a reprodução total ou parcial da obra de acordo com a lei 9.610/98. Editora afiliada à Associação Brasileira dos Direitos Reprográficos (ABDR).

DIREITOS RESERVADOS PARA A LÍNGUA PORTUGUESA:
© M.R. Cornacchia Livraria e Editora Ltda. – Papirus Editora
R. Dr. Gabriel Penteado, 253 – CEP 13041-305 – Vila João Jorge
Fone/fax: (19) 3272-4500 – Campinas – São Paulo – Brasil
E-mail: editora@papirus.com.br – www.papirus.com.br

Aprender, para mim, é diversão;
é descoberta dos outros, do mundo, de mim mesmo.
M. Tas

Sumário

1. EDUCAÇÃO: "A FICHA CAIU" 9
2. O UNIVERSO EM EXPANSÃO 23
3. DE ITUVERAVA PARA A AERONÁUTICA 39
4. DA AERONÁUTICA PARA A POLI
   (E O MERGULHO NO TEATRO) 59
5. DA POLI PARA A TV 73
6. DE NOVA YORK PARA O *RÁ-TIM-BUM* 87
7. A PEDAGOGIA EXPLÍCITA: *RÁ-TIM-BUM* E *TELECURSO* 95
8. A DESCOBERTA DO DIGITAL 109

Educação: "A ficha caiu"

Gilberto Dimenstein – Marcelo, uma característica que se evidencia em toda a sua vida é uma curiosidade incessante, o tempo todo aprendendo coisas nos lugares mais inesperados. Eu gostaria de entender que influências você recebeu. Você vem de Ituverava, interior do estado de São Paulo, e, pelo que sei, sempre esteve presente essa coisa de família grande, de muitos primos, você fala muito de seu avô... Como foi seu ato de descoberta do mundo quando era pequeno? Do que você se lembra?

Marcelo Tas – Há uma coisa óbvia que só recentemente me dei conta: sou filho de dois professores! É minha história de vida, mas só agora esse fato fez mais sentido para mim: meu pai e minha mãe são professores!.

Dimenstein – Por que só recentemente?

Tas – "A ficha caiu" recentemente quando, ao migrar meu *blog* do UOL para o Terra, tive de reorganizar o meu acervo de textos, vídeos e fotos. Acabei fazendo uma *psicanálise profissional*. Percebi quanta coisa ligada à educação havia em minha vida. Mas, educação? Por que sempre me meti com isso? Fui ver então as fotos e estava lá: meu pai professor, minha mãe professora... E veio então a resposta: "Claro, antes de tudo, sou filho de dois professores".

Dimenstein – Eles eram professores da primeira à quarta série?

Tas – Minha mãe era professora primária e regente do Orfeão (Canto orfeônico) – naquela época havia aula de música e corais nas escolas. Meu pai era diretor de escola, professor de educação física e jogador de basquete – aliás, ele chegou a jogar com times que disputavam campeonatos importantes.
Quer dizer, dentro de casa, tive muitos estímulos de livros do mundo da educação. Fora de casa, outros estímulos muito fortes, porque tive a sorte de nascer numa cidade do interior como Ituverava. A rua foi, para mim, uma escola extremamente rica de experiências, de liberdade. Com uns cinco anos, eu já ficava na rua até tarde da noite, por conta própria. Imagine só: na rua de casa, com liberdade de andar uns três quarteirões para cima e para baixo, brincando de queimada, de esconde-esconde (bater pique), de jogar... Ah! tinha uma outra brincadeira em que um de nós jogava uma latinha o mais longe possível e todo mundo ia se esconder – aquele som da latinha rolando pelos paralelepípedos é uma coisa muito familiar para mim. Dez horas da noite, aquele bando de crianças na rua, sem adultos por perto! Era uma experiência muito forte.
E tive avós muito especiais. Na verdade, convivi com quase todos os meus avós e bisavós. Na minha família, ninguém morria. Eram figuras fascinantes.

Dimenstein – E todos moravam em Ituverava?

Tas – A maioria. Os que não moravam na cidade viviam na vizinhança – em São Joaquim da Barra, Guará, Igarapava, no norte do estado de São Paulo, região de Ribeirão Preto. Convivi bastante com um dos meus avós, que se definia como "baiano cansado".

Dimenstein – Qual o nome dele?

Tas – João Athayde. Ele saiu da Bahia para tentar a vida em São Paulo. Aí, cansou-se, parou e nasceu uma parte da família em Minas e outra parte depois da divisa, em Ituverava, estado de São Paulo.

Dimenstein – Então ele não chegou a São Paulo.

Tas – Não. Por isso que ele se dizia um baiano cansado: cansou e resolveu ficar por ali mesmo, no caminho, antes de chegar a São Paulo. Gostou e acabou se estabelecendo em Ituverava. Vô João começou como carroceiro numa fazenda de café, depois virou gerente, foi avançando – até que um dia comprou um pedacinho da fazenda e começou a cultivar seu próprio negócio. Mais tarde, se tornou político. Meu avô amava a política. Foi prefeito de Ituverava por três vezes. Era um grande orador, uma figura muito carismática. Ninguém conseguia ficar perto dele sem rir ao ouvir suas histórias. Com ele, aprendi o que não está na sala de aula. Porque ele me *adotou* (eu era o neto mais velho). Aprendi com ele muito sobre a vida rural, por exemplo. Ele ia à fazenda todos os dias e eu o acompanhava. Acordava às 5:30 h da manhã e passava por um *intensivão*: como vacinar vaca, como domar cavalo chucro, como tirar espinho do dedo e até como resolver problemas de relacionamento entre as pessoas. Meu avô era uma pessoa que se relacionava ao mesmo tempo com o cara que estava tirando leite, com os vereadores, com a família que era grande... Sua casa era sempre cheia. Uma vez o Jânio Quadros almoçou lá, e foi aquela confusão, veio um monte de gente que eu nunca tinha visto. Vô João teve pouco estudo, era semianalfabeto. Mas quando ia a São Paulo era o porta-voz da região de Ituverava, tinha audiências com o governador e coisa e tal. Foi um cara que me ensinou que fora da escola também há muita coisa para aprender.

Dimenstein — Ele era semianalfabeto, mas sabia lidar com dilemas, desafios, problemas, tensões, de modo que você percebeu que havia formas de aprendizagem além da formal.

Tas — Exatamente, ficou claro que havia muita coisa para aprender fora da escola. E eu me dediquei muito a isso antes de entrar na escola, porque, quando eu tinha cinco anos, ele *me adotou como seu mascote*. Ele era muito ousado. Por exemplo, uma vez, estávamos só nós dois, a caminhonete atolou, e ele me ensinou a dirigir para sairmos do atoleiro: "Olhe, você vai tirando o pé devagarzinho aqui, eu vou empurrar...". Eu tinha só oito anos! Ainda bem que não desatolou completamente, porque não sei como iria dar conta de guiar aquela imensa caminhonete sozinho! Ele me colocava esses desafios e responsabilidades. Então, aos 13, 14 anos, eu já dirigia tranquilamente caminhonetes, automóveis, ia buscar o leite na fazenda... Não podia, claro, mas Ituverava na época era uma cidade muito pequena, praticamente uma vila.

Dimenstein – Pode-se dizer então que seu avô foi o seu primeiro mestre, o primeiro e aquele que delineou o seu prazer de aprender.

Tas – Acredito que sim. Ele foi muito inspirador. Nunca elevou a voz comigo e ainda assim tinha autoridade. Eu achava aquilo fascinante, como ele conseguia? Eu o observava no relacionamento com os empregados ou com os companheiros de partido. Depois, quando ele ficou mais velho e minha avó não queria mais que ele fosse prefeito, ele foi vereador, presidente da câmara, e eu o via também subordinado a outras pessoas, sempre com a paciência de ouvir.

Agora, falando de coisas práticas que aprendi com ele: por exemplo, como matar uma cobra, quando só me desviar dela... E quando eu já saía sozinho, eu costumava ir à fazenda para buscar o leite, e teve um dia em que vivi uma grande aventura. Cheguei lá e todo mundo já foi me dizendo: "Nossa, Marcelo, uma das vacas preferidas do seu avô atolou no brejo". Eu tinha 11 ou 12 anos e, naquele momento, era a autoridade do local. A vaca havia passado a noite inteira atolada no brejo, e eles falavam: "Ela está tremendo, parece que vai morrer. O seu João vai ficar muito bravo". Decidi: "Vamos resolver esse troço". Sugeri: "E se a gente puxar a vaca com a caminhonete?". Juntamos nossas forças e conseguimos tirar a vaca do brejo e botá-la em cima da caminhonete. Eu estava me sentindo um bombeiro novaiorquino no 11 de Setembro. Daí me perguntaram: "E agora, o que fazemos com ela?". Eu pedi que pusessem a vaca no curral. Voltei louco para contar a novidade para meu avô. Ao chegar, ele perguntou: "E aí, está tudo bem?". Respondi: "Agora está, mas tivemos um problema grave", e lhe contei a história inteira. "Onde você botou essa vaca?", ele quis saber. "No curral", respondi. Para minha decepção, meu avô concluiu: "Seu burro, a vaca vai amanhecer morta amanhã!". "Mas por quê?", perguntei surpreso. "Porque o curral tem chão de cimento. Ela passou a noite toda na água do brejo; se você botou ela no chão frio, amanhã ela vai estar morta". Ele não me convenceu: "Duvido, o senhor está louco, garanto que ela está bem protegida". E ele: *"Tá bom, amanhã você vai ver o que vai acontecer"*. Cheguei lá no dia seguinte e a vaca estava morta. E aí meu avô completou a lição: "Você tinha que deixá-la na terra quente, debaixo de uma árvore".

Essas pequenas coisas nos fazem perceber que há uma inteligência na vida prática. Hoje temos aproveitado pouco essas oportunidades, o que é uma pena. São habilidades sutis, coisas muito pequenas.

Outro exemplo: cheguei de viagem e uns amigos de meus filhos almoçavam em casa. De repente, uma *tragédia*: entrou um espinho embaixo da unha de uma menina de cinco anos, filha de um médico. Ela ficou muito nervosa com aquele espinho, não queria deixar ninguém nem chegar perto dela para observar seu dedo. Bem, eu sei tirar espinho. E, para tirar bem um espinho, a primeira coisa a fazer é transmitir confiança para a pessoa. Foi o que fiz e, na hora em que retirei o espinho, a garota sentiu um grande alívio! Quando ela contou o meu feito diante do pai médico, me senti um cirurgião de primeira.

Dimenstein – Agora, como foi a relação com a escola? Deve ter sido muito difícil, você tinha o mundo encantado da fazenda do seu avô, um sistema informal...

Tas – Foi um começo bem complicado, mesmo porque o meu ambiente em casa e na rua era muito rico. Já tinha ali acesso a um estímulo pedagógico abundante sem estar na escola. A minha mãe, professora primária, nos estimulava a ler e desenhar. Eu tinha muitos amigos que gostavam de desenhar e nós fazíamos gibis. Comecei a ler em casa com cinco anos. Eu lia Zorro, Batman... Criávamos gibis, eu, meu irmão dois anos mais novo que eu e um irmão de criação que era mais velho – por sinal, este também era um cara, para mim, *muito* bacana; seu apelido era Beijo, de Benjamin. Ele desenhava muito bem, tocava violão... Aliás, todos nós tocávamos algum instrumento. Eu estudava piano e violão.

Um dia, numa viagem de férias com a família para Poços de Caldas, comecei a ler as placas na estrada. Minha mãe ficou muito surpresa: "Você está mesmo lendo, como assim?! Espere aí, agora leia aquela ali". E eu: "Man-te-nha dis-tân-cia". Foi quando ela percebeu que eu já sabia ler... Com o negócio do gibi e tal...

Dimenstein – Você aprendeu a ler sozinho?

Tas – Pois é. Aí, quando minha mãe descobriu que eu já sabia ler, achou melhor me colocar na escola. Então, comecei a frequentar o primeiro ano. Aquilo para mim foi muito desagradável. Eu estava de férias (minha vida eram férias permanentes) e, de repente, tinha de botar uniforme! Para piorar a situação, ainda entrei no meio do ano! O começo da escola, para mim, foi meio que um pesadelo. Minha mãe era a minha professora e ela...

Dimenstein – Sua mãe era sua professora?

Tas – Ela era a professora na minha primeira sala de aula. Eu me senti meio sufocado. Eu estava tão bem lá fora, e o que aconteceu? Comecei então minha vida de rebelde: no final do ano, disse que não queria continuar naquela escola.

Dimenstein – Era uma escola pública?

Tas – Era, e uma escola muito boa realmente: Escola Fabiano Alves de Freitas. "Mas, meu filho, no próximo ano, mamãe não vai mais ser sua professora." Mas fiquei irredutível, enfim, inventei uma história: "Não é por isso, é que eu quero outros ares". Fui então matriculado numa outra escola bem longe, onde meu pai era professor – não meu, era do ginásio, mas eu ainda me sentia um pouco vigiado. No final do ano, eu disse que queria ir ainda para *outra* escola. Fui então para uma escola pública em que minha tia era professora. E aí, finalmente, nessa escola, que ficava na periferia de Ituverava, eu me dei muito bem. Lembro especialmente do quarto ano primário, hoje ensino fundamental, quando tive uma professora fascinante, a dona Ilda Santiago, que era uma mulher muito ousada para a época.

Dimenstein – Ela lecionava todas as matérias?

Tas – Sim, e, no ano em que entrei, ela resolveu iniciar uma matéria nova: *educação sexual*. Aquilo foi uma revolução em Ituverava. Ela chegou a sofrer preconceito: "Ela está querendo estimular a vida sexual dos alunos...". Isso no quarto ano primário. Veja só que ousadia.

Dimenstein – Até hoje isso seria...

Tas – Imagine algo assim em 1970, Gilberto. Que mulher corajosa! Eu a encontrei recentemente e agradeci muito a ela.

Dimenstein – Onde você a encontrou?

Tas – Lá em Ituverava. Ela era mulher de um fazendeiro rico; se não quisesse lecionar, nem precisava. Mas era uma excelente professora, hiperdedicada, uma mulher que realmente me inspirou.

Dimenstein – Chamou sua atenção pela relação afetiva, pela novidade que estava trazendo ou pelas duas coisas?

Tas – Pelas duas coisas. E pela liberdade que tínhamos na sala de aula. No terceiro ano primário ainda estudávamos em salas de aula constituídas de um único sexo, veja que loucura! Eram classes só de meninos ou só de meninas. No quarto ano foi quando, além de ter meninos e meninas na mesma sala, tive como professora a dona Ilda "mandando ver", falando de tudo com liberdade. Só a aula de educação sexual era separada para meninos e meninas. Ela dispensava os meninos no dia das meninas – e aí, obviamente, a grande delícia era a gente se esconder e ficar ouvindo a aula das meninas...

Dimenstein – Ela mostrava desenhos, Marcelo?

Tas – Tudo, e falava de uma maneira muito direta e sem julgamento. A sexualidade, principalmente no interior, é muito precoce, uma coisa muito livre mesmo. E ela falava de uma maneira livre, mas sempre informando: "Vejam, gravidez é isto, isso e aquilo". Nunca se falava sobre esse assunto com as crianças, talvez até hoje, imagino. Como é a fecundação, o aparelho sexual... enfim, ela nos falava com todas as letras.

Dimenstein – E os alunos?

Tas – Os alunos ficavam ligados, completamente arrebatados pela aula.

Dimenstein – Como a escola recebeu isso?

Tas – Com um misto de aceitação e rejeição. Houve alguma reação de uma parte conservadora da escola, mas nós tínhamos um diretor bastante progressista, o *seo* José Inácio, que apoiava dona Ilda. Essa lembrança aponta para um fato que eu gostaria de frisar: como tem gente competente e dedicada em todos os cantos do Brasil; até nos rincões mais distantes e escondidos existem professores ousados, apaixonados por sua missão, modernos. Se naquela época já existia, hoje – que os professores têm muito mais acesso às informações e podem se comunicar com muito mais facilidade e rapidez – certamente há ainda mais gente assim.

Dimenstein – Pelo que você está contando aqui, Marcelo, a sua vida é um processo encantador de aprendizagem em todos os aspectos. Tio, pai, mãe, canto orfeônico, esportes... E a fazenda, um avô semianalfabeto, mas que era um comunicador e um grande homem. Daí você ainda tem essa experiência marcante de uma professora ousada, que começa a dar aulas de educação sexual, e você descobre a relação afetiva. Nesse primeiro momento, é como se você vivesse numa comunidade de aprendizagem, não é?

Tas – Eu me considero muito sortudo por ter vivido nesse ecossistema que você descreveu, porque tudo isso poderia ser lido de outra forma. Quer dizer, ali em Ituverava era grande a repressão que vinha da formação católica, por exemplo, que se impunha com muita força. Aliás, até hoje. Eu também fui influenciado pela educação católica, mas acho que a família me ajudou a absorver coisas muito boas dessa formação. Cursei o catecismo, fiz teatro numa igreja...
Por sinal, minha primeira vez num palco foi atuando como um dos apóstolos. Não me lembro qual era o apóstolo, mas me lembro que levei um beliscão do padre. Era um padre italiano, padre Ângelo, um tipo bravo, grandalhão, amicíssimo da família. Era a minha estreia nos palcos dentro da igreja, e, no papel desse apóstolo, eu quase não tinha texto, era só uma fala. Então, quando me aproximei para dizer minha única linha, Cristo começa a falar e sua barba começa a deslizar para o pescoço do meu coleguinha ator. A igreja lotada, era Natal. Eu fiquei louco de vontade de rir, mas me segurando, segurando... até que não aguentei mais e desatei a dar risada! Aí o padre, disfarçadamente, veio por trás e começou a me beliscar: "Pare de rir, menino". Pois quanto mais ele me beliscava, mais eu ria. Foi uma estreia bastante conturbada no teatro.

O universo em expansão

Dimenstein – Marcelo, nessa época, o que você lia exatamente?

Tas – Eu lia história em quadrinhos: Mauricio de Sousa, Disney, Batman, Zorro... Foi marcante, eu chegava a desenhar muito bem o Zorro. E uma coisa que começou a chamar minha atenção: o Zorro estava no gibi e também, às cinco da tarde, na TV Tupi, que era o único canal que pegava em Ituverava. Em casa ocorria uma disputa entre os irmãos para decidir quem ia tomar banho por último, porque, bem às cinco horas, quando começava o Zorro, era a hora do banho. Então, claro, todos só queriam sair da frente da tevê depois que os seriados tivessem acabado. Aí, começamos, eu e meus irmãos, a inventar nossas próprias histórias e fazer gibis do Zorro que a gente tentava vender para os tios.

Dimenstein – E você já era "ligado" na televisão?

Tas – A televisão causou um impacto gigantesco na minha vida.

Dimenstein – Em Ituverava só existia a TV Tupi?

Tas – Sim, no início era o único canal que pegava lá. Mas a experiência de ver a televisão dentro da minha casa pela primeira vez foi um assombro, porque antes nem sonhávamos em possuir uma. Quem tinha televisão era o irmão mais velho de meu pai, o tio Vadinho, médico, que havia se formado primeiro, tinha grana e havia comprado uma. Então, quando queríamos ver televisão, íamos até a casa do tio Vadinho.

Um dia, meu pai anunciou: "Nós vamos comprar a nossa televisão". Na mesma hora falei: "Quero ir com o senhor". Entramos no carro – isso é uma imagem muito clara para mim –, e fomos lá para a casa de um fulano (porque não tinha o aparelho na loja, provavelmente vinha de Ribeirão Preto). Pusemos aquela televisão pesadíssima no porta-malas e a levamos para casa. Nós a ligamos e alguém subiu no telhado para arrumar a antena. Naquele momento comecei a perceber que algo muito importante estava para acontecer. Alguém gritou: *"Tá funcionando?"*. *"Tá"*, foi a resposta. "Então amanhã está garantido: nós vamos poder ver tranquilos." Curioso, perguntei: "O que vai acontecer amanhã?". Meu pai respondeu: "O homem vai chegar à Lua". Era 1969. Eu estava assistindo à televisão pela primeira vez na minha casa e vendo o homem chegar à Lua ao vivo. Foi muita informação de uma vez só.

Dimenstein – Você descobriu a televisão junto com o homem chegando à Lua?

Tas – Junto com o homem pisando na Lua e numa transmissão ao vivo, que é uma noção de tempo real, sincrônico, simultâneo. É aquilo que vivemos hoje com a internet o tempo todo.

Dimenstein – Você já descobre a televisão em tempo real e em sistema global.

Tas – Exatamente. Para mim, a chegada do homem à Lua não foi completamente assimilada até hoje, Gilberto. Porque se fala da conquista da Lua, mas não se fala da conquista da consciência em tempo real no planeta. Foi o primeiro evento, por conta da transmissão via satélite, a que todos assistimos juntos, ao mesmo tempo, em diferentes partes do globo. Imagine se já existisse o Twitter nesse dia, o que não iria acontecer... Foi o assunto que todo mundo experimentou e comentou imediatamente e em sincronia.

Dimenstein – E você se lembra de você assistindo...

Tas – Muito. Eu me lembro claramente desse evento, dos astronautas descendo, daquela imagem em preto e branco, de tudo, enfim. No dia seguinte, fui à fazenda e encontrei dona Anica, a caseira, uma velha baixinha e serelepe, e comentei com ela sobre a chegada do homem à Lua. E ela: "Mentira, chegou nada, menino!". "Chegou sim, Dona Anica, juro *pra* senhora. Nós vimos lá em casa na TV, o astronauta americano descendo na Lua, posso garantir para a senhora." Mas ela teimava: "Não chegou". Insisti: "Como a senhora sabe que ele não chegou?". "Ontem *tava* uma lua cheia muito bonita. Eu fiquei aqui fora até tarde olhando para a lua e posso garantir: não vi ninguém descendo lá", ela me disse, categórica.

Dimenstein – E depois, Marcelo, a televisão começou a fazer parte do dia a dia?

Tas – Sem dúvida. No ano seguinte, aconteceu outro evento extraordinário via satélite. Eu me lembro de cada gol da Copa de 70. Foi uma experiência incrível.

Dimenstein – Você viu já colorido?

Tas – Não, foi em preto e branco.

Dimenstein – Na Copa de 70 a transmissão ainda não era colorida?

Tas – Não. Quer dizer, na verdade, houve transmissão em cores em caráter experimental e fechado, pela Embratel, para um público seleto, mas a maioria da população viu em preto e branco mesmo – incluindo minha família. Só em fevereiro de 1972 foi realizada a primeira transmissão pública de TV em cores, a Festa da Uva em Caxias do Sul, época do Médici, o general gaúcho – tinha que ser algo ligado ao Rio Grande do Sul, né?
Agora, a Copa do Mundo de 70 foi, para mim, uma experiência de grande conteúdo emocional. Eu me lembro de que chorei muito e de que tinha o meu lugar fixo para ver jogo: por superstição, comecei a ver todos os jogos no mesmo lugar da sala. E foi uma Copa fenomenal e uma experiência coletiva também! Ver meu pai gritando – nunca tinha visto meu pai gritar e xingar daquele jeito –, meus tios torcendo, e poder participar do mesmo assunto com eles, adultos, foi muito legal, extremamente importante para minha formação.

Dimenstein – E sua atração pela televisão...

Tas – O que me atraiu muito para a televisão foram as minhas viagens a São Paulo. Eu ficava hospedado na casa de um tio que morava em Santana, o tio Dorim, e ficava completamente zonzo com tanta informação porque lá havia *cinco* canais! Eu ficava de pé o tempo inteiro só mexendo no seletor de canais: *tec, tec, tec, tec*. Ficava o dia inteiro fazendo isso.

Dimenstein – É como hoje a pessoa ter mais de 300 canais à disposição, não?

Tas – É como navegar na internet. É muita informação. Cinco canais! Eu me lembro disso e também das chamadas de atenção: "Menino, vai tomar banho". E eu ignorava... Ia para São Paulo e ficava de pé ao lado da televisão – era necessário ficar de pé porque não existia controle remoto –, mexendo naquele botãozinho do seletor. "Vai quebrar essa porcaria!", me advertiam. Eu gostava era de zapear mesmo: ver uma coisa e ver outra, e ver outra, e ver outra. Aquilo me estimulou demais!

Dimenstein – E no ensino formal, na escola, como você ia? Bem, mal ou ia tocando?

Tas – Eu sempre fui bem na escola, mas no início – esse é um papo quase psicanalítico – não me agradava o fato de ser filho da professora, e depois filho do professor, sobrinho de outra professora. Eu tirava boas notas, mas no quarto ano mudei de atitude e fui para o fundão. Fui para a turma do fundão e continuei tirando notas muito boas. Talvez, se fosse me definir, diria que continuo do fundão e procuro tirar notas boas. Essa é a minha grande contradição. Eu gosto de estudar, mas...

Dimenstein – Você sabe que um amigo meu, José Costa Ribeiro – que é professor da Fundação Getulio Vargas e da Fundação Dom Cabral –, fez uma pesquisa com grandes executivos e verificou que grande parte deles vinha do fundão.

Tas – Pois é, a turma do fundão é lúdica e criativa. No quarto ano primário, meu melhor amigo se chamava Valdivino, filho do único pipoqueiro da cidade. Para mim, era um cara muito importante: era filho do pipoqueiro! Ele morava numa casa muito humilde. Quando entrei lá pela primeira vez, estranhei: a casa não tinha assoalho, era chão batido, alguns cômodos na terra e o carrinho de pipoca na sala. Achei aquilo legal. E era com o Valdivino, e com outra galerinha que ficava no fundão, que comecei a aprontar no quarto ano (minhas primeiras transgressões dentro da escola), a ponto de ser suspenso.

Dimenstein – Foi nessa época que você conheceu a professora Ilda...

Tas – Foi. E houve algumas travessuras que ficaram marcadas na cidade. Uma das coisas que a dona Ilda fazia para nos dar consciência e tal era manter uma farmácia dentro da sala. Ela mostrava os remédios: "Olhem, isto aqui, é importante vocês saberem que é um remédio para baixar a febre; este outro é para dor de garganta etc. Tudo vai ficar no armário. Se alguém ficar doente, venha falar comigo e, se for algo que possamos resolver, resolveremos". Enfim, esse tipo de trabalho...

Dimenstein – Ela queria trazer o cotidiano para a escola.

Tas – Exatamente. E ela fazia isso mesmo. Botava os remédios num armário e advertia: "Olhem, é responsabilidade de vocês que esse armário fique sempre bem limpo". E tinha uns livros também que podíamos pegar e levar para casa. Ela já estava iniciando uma coisa coletiva. Aí, o que aconteceu? No recreio, num dos nossos *brainstormings*, pensamos: "E se pegássemos a caixa de remédios para brincar hoje no recreio?". Foi o que fizemos. No recreio, eu, tal qual um sacerdote no filme *Hair*, comecei a distribuir pílulas para meus coleguinhas como se fosse uma hóstia, uma substância divina, algo assim... E todas as crianças, talvez umas oito, tomaram os remédios. Foi quando apareceu o bedel e nos pegou – "Nossa, vão morrer!" – e levou todo mundo para a diretoria. Alguns de nós já estavam passando mal (talvez mais pelo susto); eu, que ainda não tinha tomado o meu, estava *careta*. Todo mundo na diretoria, foi aquela confusão! Por ter liderado a travessura e distribuído os remédios na boca do pessoal, recebi um castigo: fiscalizar o vômito de todos eles. Fomos para um canto do pátio e eu tive que ver cada um botar *pra* fora, vomitar todas as pílulas.

Dimenstein – Para convencer todo mundo a tomar remédio, você já devia ter facilidade em comunicação...

Tas – É, sempre tive um trânsito muito fácil por todos os personagens da escola. Embora pertencesse à turma do fundão, eu era amigo das meninas que se sentavam na primeira fileira, até namorava uma delas. E a questão toda de ser amigo do Valdivino, que era filho do pipoqueiro, fazia diferença... Na sala, estava ainda o filho do prefeito na época, que, aliás, é meu amigo até hoje.

Dimenstein – Parece que você levou essa habilidade – a capacidade de transitar em todos os espaços, entre todas as pessoas – para o resto da sua vida, não é? Afinal, hoje em dia você está na zona sul, zona leste, zona norte, está em Londres, Paris, Nova York e também na periferia de São Paulo... Certamente esse trânsito vem daí.

Tas – Bom, o meu fundão hoje são os meninos do CQC, acredito. É um pouco...

Dimenstein – É um fundão remunerado.

Tas – O fundão deve ser bem remunerado, afinal – como fica evidente no caso do CQC –, existe talento no fundão. A transgressão pode ser uma virtude se não for boboca, se não for transgressão pela transgressão. É legal ser ousado, é legal eventualmente quebrar alguma regra para buscar outro limite.

Dimenstein – O fundão pode ser ousado e nunca compreendido. Só vai ser compreendido quando for para o mundo do trabalho...

Tas – Um pouco mais tarde, isso ficou claro para mim, muito claro mesmo.

Você sabe que na minha época, para ingressar no ginásio, o aluno tinha que fazer o exame de admissão; se aprovado, ia para a quinta série. Eu tive de novo uma passagem bastante turbulenta, pois é nessa época que começa a adolescência. É quando o menino, a menina vira *jovem*, digamos.

Dimenstein – Eu me lembro. Entre a quarta e a quinta séries havia o *curso de admissão*. O curso em si era opcional, mas não o exame: este era obrigatório para o aluno ser admitido numa outra etapa, o ginásio – que hoje corresponde à segunda metade do ensino fundamental.

Tas – Admitido num outro clube.

Dimenstein – Nessa época a sequência era: o curso primário, com quatro séries; exame de admissão; ginásio, com quatro séries; e colegial, em três anos. Hoje em dia a divisão é diferente: o ensino fundamental vai do primeiro até o nono ano e o ensino médio compreende do primeiro até o terceiro ano. Mas antes havia um ritual, um rito de passagem.

Tas – E o rito de passagem da admissão foi muito marcante para mim, porque fiz um curso extra. Além de cursar a quarta série com dona Ilda, de manhã, tinha à tarde uma professora particular de admissão, dona Basílica. Esse nome foi fundamental na minha história e na de milhares de outros jovens na cidade. Dona Basílica era uma boa professora, ultrarrigorosa, capaz de ensinar conceitos complexos da matemática, da geografia e tal... Ela dava esse curso à tarde, numa sala de aula privada, alugada por ela. Embora rigorosa, ela era engraçada, muito comunicativa, com um português de primeiríssimo nível. Aprendi muito com ela. É verdade que ela costumava ter na mão uma régua que, às vezes, descia até a cabeça de alguém... Mas, enfim, foi *muito* bom.

Dimenstein – E a escola pública para você foi maravilhosa, era quase como uma continuação da sua casa?

Tas – Exato. O nível era muito bom, inclusive pelo ginásio afora. Eu tive um professor de língua portuguesa no ginásio, o senhor Manuel Ramos Pereira, que se destacava pela qualidade no ensino de literatura e poesia. Ele foi o cara que nos revelou a importância da leitura. Toda aula alguém lia poesias, e ele fazia questão de ouvir a voz de cada um. Ele falava sobre a importância de ler em voz alta, não só em silêncio, para si mesmo, mas diante de uma plateia. E obrigava todos a ler, inclusive os mais tímidos.

Dimenstein – Houve mais algum professor que impressionou você, que o tocou de maneira especial? Você só falou de pessoas maravilhosas: professora de educação sexual, professor de poesia, uma professora que era dura e ao mesmo tempo engraçada...

Tas – Olhe, eu posso falar de tantos professores dos quais eu gostava, mesmo às vezes não aprovando o método que usavam. Uma professora de biologia, por exemplo, a dona Nádia: era extremamente rigorosa, mas o livro que ela adotou era de um nível muito acima da média. Ela o impunha e não havia discussão, mas aprendi muito com ela. Havia um professor de história do Brasil à moda antiga, que até cito em algumas palestras que dou por aí, o senhor Erivani, homem muito bonito, por quem as meninas eram apaixonadas. Era um Francisco Cuoco, inclusive parecido com ele, quando jovem. E o sistema do seu Erivani era o seguinte: ele chegava, fumava – era um Clark Gable – e, com uma letra muito bonita, ficava durante 30 minutos escrevendo a aula no quadro-negro. Tranquilamente, desenhando – o quadro ia ficando lindo! – e nós copiando. Isso durante meia hora. Na hora em que ele acabava de escrever, ele se virava para a classe e simplesmente *lia* o que havia escrito no quadro-negro.

Dimenstein – Você se lembrava das coisas?

Tas – Claro que não! Assim que ele acabava de ler tudo aquilo, já estava na hora de ir para o recreio. Então, é interessante observar algo importante: não é a geração que está aí na internet que "copia e cola"; nós é que fomos a geração *cut* & *paste* (ou <Ctrl C>, <Ctrl V>). A geração que ficava copiando tudo sem questionar do quadro-negro. Isso acontecia na maioria das aulas: o professor chegava, fazia um *download* do livro para os alunos, que eram totalmente passivos, e, na prova, ele aplicava um verdadeiro teste de memória para ver se sabíamos os nomes das capitanias hereditárias, o dia da Proclamação da República e assim por diante. E nós não gravávamos nada.

Dimenstein – Existia um contraste muito forte entre isso e a rua. Porque a rua, para você, era o aprendizado efetivo e o avô semianalfabeto que se tornou prefeito...

Tas – Exatamente. A rua e também, para fazer justiça a todos eles, inclusive ao seu Erivani, o ambiente escolar, que era extremamente lúdico. Lúdico no sentido de que nos divertíamos. Até, por exemplo, nas feiras de ciências aconteciam coisas incríveis como os inventos, além das inevitáveis explosões... E aquilo virava para nós uma brincadeira e, ao mesmo tempo, era parte do aprendizado. Ou quando organizávamos excursões. Eu me lembro da primeira vez que fui à Bahia...

Dimenstein – Você fez excursão pela escola pública?

Tas – Sim: fomos uma vez para a Bahia saindo de Ituverava. Nós todos fizemos uma "vaquinha" e alugamos um ônibus para 36 pessoas. Uma professora nos acompanhou, junto com o marido – coitado! –, para cuidar da turma. Fomos para a Bahia, Salvador, parando, no caminho, em Ouro Preto.

Dimenstein – Em que ano foi isso?

Tas – Isso foi provavelmente em 1972 ou 1973. Eu estava no ginásio, e já se aproximava o momento da minha saída estratégica de Ituverava. Saí de lá com 15 anos.

Dimenstein – Você chegou a São Paulo em 77, não foi?

Tas – É, mas antes fui para a Aeronáutica. Fiz o curso colegial inteiro na Força Aérea Brasileira.

Dimenstein – Em que cidade foi isso?

Tas – Barbacena, Minas Gerais.

Dimenstein – Já vou me encaminhando para um outro ponto, porque, quando se estuda a sua biografia, é de impressionar a quantidade de coisas totalmente diferentes que você fez: primeiro a Aeronáutica, aí você fez a Poli, aí foi para o teatro, depois o balé... Isso só do que estou me lembrando agora. Como a Aeronáutica entrou na sua vida? Porque, aparentemente, a Aeronáutica seria contra...

Tas – A Aeronáutica foi fundamental, porque tudo que estou contando é muito legal, muito bacana, tudo maravilhoso, mas percebi que em Ituverava eu estava muito longe do mundo. Um dos primeiros presentes que ganhei e que me deixaram louco foi um rádio AM. Era um radinho de pilha que eu levava para a cama à noite, porque à noite pegava melhor, captava rádios mais distantes. Durante o dia praticamente só pegava a rádio de Ituverava, que se chama Rádio Cultura de Ituverava.

Dimenstein – Ainda existe?

Tas – Sim, o *slogan* era "Rádio Cultura de Ituverava, uma cidade a caminho do progresso". De dia eu ouvia esta e à noite, nesse radinho de ondas curtas, comecei a ouvir as rádios do Rio, um dia peguei até a BBC ("nossa, os caras falam em inglês!"), e aí comecei a ver que estava perdendo muita coisa, que estava longe de tudo o que estava acontecendo. No Rio havia um *DJ* chamado Big Boy, que é o cara responsável por uma revolução no rádio, um verdadeiro multimídia que trazia informações preciosas do *rock*, do *soul*, do *funk*... Vale a pena a molecada atual conhecer a história do rádio brasileiro e do Big Boy. De noite, bem de madrugada, eu conseguia pegar a Rádio Mundial do Rio de Janeiro: *"Hello, crazy people.* Aqui é o Big Boy! No estúdio comigo está ele: Jorge Ben!". Eu ficava ouvindo aquilo e pensava: "Nossa, quanta coisa acontecendo e eu perdendo tudo isso!". Nessa época eu tinha 13 ou 14 anos.

Dimenstein – Era uma espécie de ritual noturno.

Tas – Sim, para mim, era uma espécie de *internet a lenha*. Ituverava ficava no meio do nada, a 500 km de Belo Horizonte, a 400 km de São Paulo e a 700 km do Rio. As estradas ainda eram muito precárias... Assim, eu ficava ali à noite navegando pelo mundo nas ondas do rádio, às vezes pegava a Voz da América, a BBC, uma rádio de São Paulo, outra do Rio...

Dimenstein – A relação mais forte era com São Paulo?

Tas – A relação mais forte era com Ribeirão Preto. Para mim, Ribeirão era Nova York. Meu avô me levava à Churrascaria Gaúcha, e era como se eu estivesse num lugar muito chique e importante. Recentemente voltei a essa churrascaria e, é muito engraçado, ela não passa, na verdade, de um restaurante acanhado onde se chega por um longo corredor. Depois comecei a frequentar São Paulo, fui aos poucos percebendo a diferença... Até então, eu às vezes confundia Ribeirão com São Paulo, veja você. Também começamos a descer para os verões em Santos. Eu ia à Vila Belmiro ver o treino de um time de lá, e dentro do gramado estava Edson Arantes do Nascimento. Grandes emoções. Aí voltava para Ituverava, e era de novo aquela vidinha besta... que podia até ser legal, mas chegou uma hora em que comecei a sentir uma coisa que...

Dimenstein – Sentir uma coisa que o estava chamando...

Tas – É, que havia algo além de matar cobra e vacinar gado. Foi ficando claro para mim que talvez houvesse mais coisas para se fazer no mundo.

De Ituverava para a Aeronáutica

Tas – Um dia, no recreio do ginásio em Ituverava, eu estava com meus melhores amigos e encontramos um papel no chão: "Inscreva-se para a Epcar – Escola Preparatória de Cadetes do Ar, Barbacena". Aí alguém disse: "Olhem aqui: Escola de Cadetes em Barbacena". O curioso é que a única razão pela qual resolvemos nos inscrever é que as inscrições – e isso era numa quinta-feira – se encerravam na segunda-feira seguinte. Para nos inscrever, teríamos que convencer nossos pais a nos deixar fazer a viagem até lá.

Dimenstein – Em quanto tempo de viagem se vai até Barbacena?

Tas – Barbacena fica a 12 horas de Ituverava. Tínhamos que ir até Belo Horizonte, o que dá uns 500 km, e de Belo Horizonte a Barbacena, que é na região serrana de Minas – são só 200 km, mas é uma região de serra, levava-se outras cinco horas para chegar. Ninguém da minha família era militar. Até então, tudo que eu conhecia da vida militar era o Recruta Zero. Meu pai não gostou da ideia: "Vida militar? Você está louco?". "Não, pai, nós só vamos fazer a inscrição." Então, pegamos um ônibus, uns cinco amigos soltos pelo mundo... Foi uma maravilha, uma gandaia só até Belo Horizonte e, depois, até Barbacena, onde ficamos numa pensão qualquer. Foi coisa de um dia, pois voltamos no dia seguinte... uma viagem de loucos! E nos inscrevemos. Mas aquilo para mim significava o seguinte: esta é a chance de pegar um foguete e sair da órbita de Ituverava e ganhar o mundo. E eu achava que meus amigos iam junto.

Dimenstein — Então você sai de uma realidade informal, onde todo mundo se conhecia, para um lugar radicalmente diferente, de muita disciplina etc.?

Tas — Mas, sabe, preciso dizer uma coisa: apesar do que muita gente pensa, a vida militar traz experiências extraordinárias: pressupõe confiança, disciplina, não só no sentido de acordar cedo, mas também de respeito aos outros. Afinal, até para fazer travessuras é necessário ter disciplina. Uma das mais ousadas: quando um aluno não quer participar de uma marcha de 40 km com 20 kg nas costas, ele pode bolar uma estratégia... Conhecíamos um remedinho que provocava febre. Aí, cinco amigos estrategicamente tomavam o tal remédio e ficavam febris: "Nossa, 40 graus!", e ficávamos internados no hospital. Os superiores sabiam que estávamos fazendo aquilo e receitavam injeções *bem* doloridas. Mas não participávamos das marchas, ficávamos jogando baralho e conversando por dias. É importante dizer que na Aeronáutica a educação era de extrema qualidade, aprendíamos eletrônica, mecânica, inglês, francês...

Dimenstein — Daí é que veio seu interesse pela tecnologia?

Tas – Também. Ali começou. E outra coisa: Barbacena fica estrategicamente localizada a pouco mais de 200 km do Rio de Janeiro. Entre 60% e 70% dos cadetes da Aeronáutica são cariocas, porque é perto. Então, eu finalmente poderia conhecer melhor a terra do Big Boy. Eu descia para o Rio pelo menos duas vezes por mês. Era um contato muito especial com uma nova cultura brasileira vista de dentro. Lembro que, da primeira vez que fui para o Rio, fiquei em Santa Tereza, na casa de um colega meu da Aeronáutica, o Miguel. A mãe dele era do candomblé. Tive contato com uma informação absolutamente nova e fascinante para mim...

Dimenstein – Uma época maravilhosa, não havia violência...

Tas – E o fato de que eu, que estava chegando do interior, tenha tido essa oportunidade de contato com aquela coisa riquíssima, forte, extremamente aberta, foi, para mim, uma libertação, paradoxalmente, por conta do ingresso na Aeronáutica. A mãe desse colega, que era mãe de santo, foi muito acolhedora e carinhosa comigo.

Dimenstein – A dedicação na Aeronáutica era em tempo integral?

Tas – Sim, morávamos no quartel. A Epcar existe até hoje e ocupa uma área enorme da cidade de Barbacena, praticamente uma fazenda dentro da cidade. O grau de exigência na escola era muito alto. Frequentávamos aula de manhã e à tarde. No final da tarde, tínhamos aula de educação física, e à noite, se não estudássemos, não seríamos aprovados. E quem não passava de ano era automaticamente desligado da escola. Ou seja, a escola era realmente rigorosa, demandava muito estudo. Havia uma biblioteca maravilhosa, como eu nunca tinha visto na vida. Lá comecei a ler muito. Aliás, acho que o único autor de quem li as obras completas foi Aluísio Azevedo – "zerei" o Aluísio, para empregar uma expressão que os meninos usam no *videogame*. Comecei com o romance O *cortiço*, que era leitura obrigatória do currículo, e não parei mais. A biblioteca da Epcar era genial. Para mim, era como estar em Harvard. Havia todos os livros de Aluísio Azevedo no acervo. Depois do primeiro, fui lendo todos os outros – como as pessoas fazem hoje com essas séries de TV tipo *Lost*, eu quis esgotar a série completa do autor –, fiquei pirado com aquilo: "Ah, então isto aqui é que é literatura!". Viajei no Aluísio Azevedo.

Dimenstein – Então, na época em que estava na Aeronáutica, você conheceu a disciplina, a grande cultura, o Rio de Janeiro e a mãe de santo?

Tas – E também o Brasil, gente do Brasil inteiro. Éramos 373 alunos, para ser preciso. Lá, cada aluno é um número – eu era o 144. Essa foi a minha classificação quando entrei lá. Eu, que em Ituverava quase sempre ficava em primeiro lugar, na Aeronáutica fui o 144º. Ali havia muitos jovens inteligentes e estudiosos.

Dimenstein – Você virou literalmente um número.

Tas – Você vira um número, mas a coisa não é como geralmente as pessoas pensam sobre a vida militar. Esse número não deixa de ser uma brincadeira também: "144, não fuja, eu sei que é você!", gritava um tenente quando eu fugia da educação física. E é claro que todo mundo sabe o nome de todo mundo também. Ganhei um nome de guerra, Athayde, que é meu sobrenome, e um apelido, Cabeça.

Dimenstein – E por que esse apelido?

Tas – Por causa de minha cabeça grande. Ainda quero lhe contar duas coisas que aprendi lá: em primeiro lugar, entrei em contato com todas as classes sociais. Tive acesso a gente muito humilde, que morava na zona norte do Rio de Janeiro, em Guadalupe, por exemplo (você já foi a Guadalupe? Ninguém que diz que conhece o Rio de Janeiro foi a Guadalupe, né!?), e gente de Corumbá, da Amazônia. Enfim, havia todo tipo de gente: gaúchos, aratacas (como chamávamos o pessoal do Norte e do Nordeste) e, evidentemente, pessoas de São Paulo, capital. Eu nunca havia visto aqueles branquelos enormes, muito cultos, com aquele sotaque engraçado, estalado. Então, assim, estavam reunidos todos os sotaques do Brasil num lugar só.

Em segundo lugar, nas férias eu viajava muito, por lugares que nunca imaginei conhecer. O aluno da Epcar tem *status* de oficial da Aeronáutica – nossa patente ficava em cima do ombro, enquanto as patentes de sargento e soldado ficavam no braço –, assim, tínhamos o privilégio de pode pedir carona em aviões da FAB. Assim, de carona pela FAB, conheci o Brasil inteiro. Fui para a Amazônia, o Nordeste, o Sul, o Pantanal. Eram aviões muito simples, mas deliciosos de voar.

Dimenstein – Mas você pensava em fazer carreira?

Tas – Na verdade, nunca pretendi.

Dimenstein – Portanto, a Aeronáutica representou sobretudo sua porta de saída de Ituverava?

Tas – Sim, foi como pegar um foguete para sair um pouco da órbita de Ituverava e da família. Mas nunca tive certeza se iria ficar lá para sempre. Até hoje comigo é assim: estou no CQC hoje e não sei se esse é o meu negócio, se vou ficar no CQC para sempre. Mas, enquanto estou lá, estou 100% lá. Na Aeronáutica era a mesma coisa. Eu estava lá e tinha a certeza de que tinha de estar lá, mas não sabia por quanto tempo. Num dado momento, percebi que não tinha vocação militar, que não podia ser militar, que o meu grau de indisciplina ou de transgressão não ia combinar com aquele tipo de vida profissional. Cheguei ao terceiro ano e eu sabia que, depois disso, o aluno passava a aviador e ia para a AFA, a Academia da Força Aérea em Pirassununga. É uma honra ir para lá. Poucos conseguem terminar essa escola, porque ela é rigorosa e tem uma exigência física também. Se o aspirante a aviador tiver meio grau de miopia, não pode ir para a AFA. Então, todo final de ano há um exame médico e uma grande quantidade de alunos já é dispensada. E é uma choradeira, porque há aqueles que querem muito ser pilotos mas são barrados, e têm de ir embora. Eu fui ficando, mas, no terceiro ano, percebi que não pretendia ser militar. Eu tinha começado a viajar com frequência para São Paulo e Rio e um bicho havia me picado: o teatro.
Vi em São Paulo uma peça de teatro com uns amigos de Ituverava que já estavam fazendo cursinho para ingressar na faculdade: *Escuta, Zé*, de Wilheim Reich. A peça acabou, eu pensei: "E agora, o que vou fazer da minha vida? Depois disso, não posso fazer qualquer coisa".

Dimenstein – E foi na peça mesmo que você...

Tas – Foi.

Dimenstein – O Reich tem essa coisa de libertação de energias. Naquele tempo ele era tido como um guru dos jovens urbanos...

Tas – Cara, foi um negócio... Uma atuação esplêndida da Marilena Ansaldi, que passava grande parte do tempo atuando nua com outras atrizes como se fosse a coisa mais natural do mundo.

Dimenstein – Você se lembra em que teatro a peça foi encenada?

Tas – No Teatro Ruth Escobar, na rua dos Ingleses, ali no Bixiga. Eu saí da peça atônito, pensando: "Cara, e agora, o que vou fazer do resto da minha vida?". Eu me lembro de comentar na saída com o Zé Lúcio, meu amigo de Ituverava que já morava havia algum tempo em São Paulo e estava prestando vestibular para Direito, uma grande figura. Eu lhe disse: "Cara, que loucura. Estou passado. Não sei o que vai acontecer comigo agora". Ele perguntou: "Como assim?". Foi quando me "caiu a ficha": eu nunca tinha assistido a uma peça de teatro. Lá em Ituverava, atuava naquele teatro da igreja, mas nunca tinha visto uma peça de teatro com aquela dimensão dramática.

Dimenstein – Você saiu diretamente da igreja para...

Tas – Para um autor como Reich. Sem escalas. Foi um voo bem radical.

Dimenstein – As mulheres atuando peladas...

Tas – Totalmente peladas. Mulheres lindas, falando todas as coisas que eu queria ouvir e aprender na vida, completamente nuas. Fiquei totalmente apaixonado.

Dimenstein – O teatro estava cheio?

Tas – Sim! Depois, fomos para um bar, ficamos bebendo até altas horas e conversamos muito. Foi aí que vi que talvez fosse melhor sair da Aeronáutica. Ficou claro para mim que não ia dar para continuar lá, que eu tinha interesse em *outros voos*. Nas férias de julho, quando passei um mês em casa, não tive mais dúvida. Quando voltei para o que seria meu último semestre na Epcar, pedi desligamento. Foi dramático porque eu estava pronto para me tornar aviador.

Dimenstein – Você já tinha passado em tudo?

Tas – Sim, e estava com a saúde perfeita. O coronel Guimarães, que era meu comandante de esquadrilha, não acreditava: "Não me venha com essa conversa mole". Eu tentei uma explicação: "Sabe o que é, coronel, é que eu quero ser engenheiro". "O.k., 144. Você vai ter que contar essa história para o brigadeiro."
Eu nunca tinha conversado com o brigadeiro. Eu tinha passado por dois brigadeiros: um muito rígido e esse outro que me inspirava muita paz, um humanista, uma pessoa de quem eu gostava. Ele me parecia um cara legal, mas eu nunca havia falado com ele. Imagine, eu era um mero mortal, um moleque, conversar com um brigadeiro... Aí me levaram para a sala dele. Logo que cheguei, ele virou-se para mim e disse: "O senhor tem ideia de quanto o Brasil gastou com

o senhor nesses dois anos e meio de Epcar?". Respondi: "Não, excelência". Aí ele falou um número, um valor que, naquela época de inflação, era astronômico. Eu suava. "O senhor sabe de quem é esse dinheiro? Esse dinheiro é do povo brasileiro. O povo brasileiro investiu esse dinheiro no senhor." Do fundo da minha alma, busquei coragem e consegui dizer: "Excelência, o senhor pode ter certeza de que farei o possível e o impossível para que cada centavo desse dinheiro do povo não tenha sido gasto em vão". Fiquei realmente muito emocionado, as lágrimas encheram meus olhos. Ele percebeu e completou: "Vamos ver, garoto, vamos ver". Eu bati continência e saí. Foi a minha despedida da Aeronáutica.

Dimenstein – Foi um momento marcante da sua vida?

Tas – Extremamente importante. Penso que nós, no Brasil, precisamos vencer um certo preconceito em relação aos militares. Se há evidentemente o trauma e os danos trazidos pela ditadura, temos que saber que existem militares extremamente talentosos, eficientes, que levam uma vida duríssima, a maioria ganhando muito mal. Recentemente, fiz questão de homenageá-los. Fui convidado para posar para o livro do fotógrafo Jairo Goldflus e sugeri fazer a foto com a farda que poderia estar usando hoje caso tivesse seguido a carreira militar. Aos poucos percebi que o meu pedido, prontamente aceito pelo Jairo, estava quase causando um problema institucional, porque um civil não pode colocar farda de militar.
Mas, aí, olha só o que aconteceu. No dia da foto, vi um carro oficial da Aeronáutica, um carro enorme, estacionado no estúdio. Havia

sido informado de que um emissário da Aeronáutica levaria a farda para mim. Pensei que ele a levaria e a deixaria por lá. Que nada, havia um oficial muito simpático que disse: "Vim aqui para ajudá-lo a vestir a farda, afinal, você já deve ter se esquecido de como deve colocá-la". Ah, e tem outra coisa: eu tinha solicitado a farda de gala, o chamado 5º A. O oficial, com gentileza, explicou que isso não é permitido a um civil. Então ele me propôs usar o macacão de voo da Esquadrilha da Fumaça. Para um apaixonado por aviação como eu, é o mesmo que perguntar para macaco se ele quer banana, porque os membros dessa esquadrilha são meus ídolos. Respondi: "Lógico, lógico que sim!".

Enquanto o oficial me ajudava a vestir o macacão, perguntei a ele qual era sua patente. Ele disse que era tenente-coronel. Muito surpreso, pensei: caramba, mandaram um tenente-coronel só para me ajudar a vestir a roupa? Aí é que percebi a gravidade do que eu tinha pedido. "Como você é tenente-coronel com essa idade?" – perguntei só para confirmar que ele era aviador, que é a categoria de oficiais que adquire as altas patentes mais cedo na Aeronáutica. Assim, descobri que ele era da Esquadrilha da Fumaça e já havia atravessado o Atlântico num Tucano para se apresentar em *shows* aéreos na Europa. Imagine: alguém que era um ídolo para mim estava me ajudando a botar aquela roupa. Pedi a ele para me contar melhor a história do empréstimo da farda. Descobri então que, para vestir o macacão da Esquadrilha, foi necessária uma autorização especial do ministro da Aeronáutica, o brigadeiro Juniti Saito! Fiquei muito honrado e emocionado, porque percebi que eles entenderam a minha intenção de agradecer e homenagear o meu passado na FAB. Eu poderia ter sugerido qualquer figurino ao fotógrafo, mas posar com aquela farda foi algo especial.

Dimenstein – Mas então você foi para a Poli, a Escola Politécnica da USP, não?

Tas – Sim, fui para a Poli. Aí não tem opção, Gilberto. Quando resolvi...

Dimenstein – Mas por que você não quis cursar engenharia na Universidade Estadual do Rio de Janeiro, a Uerj?

Tas – Porque a minha vida estava muito ligada a São Paulo, todos os meus amigos estavam aqui. A minha cultura é muito de São Paulo mesmo. Eu vim para cá e, naquela época, havia praticamente só três opções: engenharia, direito ou medicina. Então, minha escolha se deu por exclusão: eu não queria abrir a barriga de ninguém, não queria defender a causa de ninguém e tecnologia era algo que para mim fazia muito sentido. Sempre gostei muito de tecnologia, desde o radinho e o gravador – eu não tinha falado antes desse gravador, mas esse foi outro presente muito importante que ganhei quando criança. Eu gravava tudo: era eu entrevistando gente, eu cantando ou fazendo os outros cantarem...

Dimenstein – Uma ideia que vai se formando aqui, Marcelo, é como um quebra-cabeça que foi se montando: havia a disciplina de estudos, o teatro, a tecnologia, o lugar de aprendizagem... Parece que você tem intuições profundas, não? Parece que você bate o olho numa coisa e *tum*! É uma espécie de consciência do futuro. Você percebe isso no momento ou é só depois que passa que você se dá conta do fato?

Tas – Quando você fala, faz sentido, mas no momento de fazer escolhas, para mim, não faz tanto sentido assim. Na realidade, minha maneira de tomar decisões é caótica. Acredito muito no caos, na intuição diante da complexidade, em que as coisas que aparentemente não fazem sentido podem nos levar a algum lugar.

Dimenstein – Sim, mas no caos você consegue visualizar uma direção. Você poderia ser um brigadeiro talentoso, mas infeliz. Ou você poderia ter ficado em Ituverava, dono de alguma coisa, mas infeliz.

Tas – Existe uma coisa que me move que é a diversão, o prazer. Ou seja, quando eu não estou me divertindo num projeto, não consigo ficar, não adianta insistir.

Dimenstein – E o que significa *se divertir*, nesse caso?

Tas – Significa ter prazer em descobrir novas coisas, pessoas, conversar... Poder estar, por exemplo, numa reunião séria e dar risada ao mesmo tempo.

Dimenstein – É aí que eu quero chegar. Na verdade, divertir-se, para você, é um aprender de alguma forma. Não o aprender formal, mas aquele que nasce do desafio.

Tas – É. Para mim, o trabalho ou a educação não podem ter um grau de solenidade e de seriedade que impeça a diversão. Ou seja: "Agora nós estamos aqui trabalhando, vamos fazer um jornal muito sério, muito importante, que vai mudar os rumos do Brasil, e depois vamos sair para beber uma cerveja e nos divertir". Isso para mim é algo impensável, não consigo. Eu gosto de me envolver em projetos nos quais todo mundo possa dizer: "Enquanto estamos aqui, querendo mudar o Brasil, o mundo, nós também vamos nos divertir".

Dimenstein – Você falou uma coisa que talvez seja o motor deste depoimento sobre sua maneira de ser: a diversão. Se você não sente que está se divertindo, aquilo não faz sentido.

Tas – Não só não faz sentido, é algo maior que isso: é algo físico. Por exemplo, eu não conseguiria continuar aqui se a nossa conversa começasse a ficar chata. Nesse caso eu provavelmente iria dar um jeito de fugir. É uma coisa física.

Dimenstein – É a sua bioquímica?

Tas – É, uma coisa molecular... Eu vou ficando triste, vou ficando *muito* triste. Isso já aconteceu comigo em alguns projetos – que até pareciam ir bem, nos quais eu ganhava muito bem e tal. Mas chega uma hora em que eu tenho de agradecer e partir: "Puxa, agradeço por tudo, mas...".

Dimenstein – Você falou algo que acho superinteressante: "A diversão é o que faz sentido para mim, o que me leva a querer fazer a coisa".

Tas – Melhor ainda: é o que me dá um sentido, ou me dá um vetor, falando numa linguagem de engenheiro. Ela me impulsiona para determinada direção.

Dimenstein – E quando lhe pergunto o que é diversão, sua resposta de bate-pronto é: "A diversão é descobrir coisas e pessoas".

Tas – Eu acredito que sim. E, principalmente, se puder, descobrir a mim mesmo. Acredito que estamos sempre tentando descobrir quem somos, o que estamos fazendo...

Dimenstein – Ou seja, para você, o sinônimo de diversão é descoberta. Não existe diversão sem descoberta.

Tas – Até existe, mas não vale a pena, ou não é o meu negócio.

Dimenstein – Quer dizer, sem descoberta, a diversão acaba.

Tas – Acaba. Porque pode haver diversão até numa festa chata. A festa está chata, mas de repente encontro um cara que é tão conservador, mas tão conservador, que ele me abre um novo universo: "Nossa, eu não sabia que até hoje acham que a Terra é o centro do universo, por exemplo. E esse cara acha".

Dimenstein – Você sabe, Marcelo, que faz quase dois anos que eu estava querendo produzir este livro.

Tas – É, eu me lembro... Eu achava estranha essa ideia, no princípio.

Dimenstein – Eu pensava em mostrar como você é um educomunicador por excelência, como você usa a comunicação para educar. Mas agora vejo que, sem dúvida, tudo que você fez na vida sempre teve por objetivo não só divertir as pessoas, mas que, ao fazer isso, elas também descobrissem coisas valiosas. Você acaba de me revelar o DNA de seu processo criativo: para você, se divertir é aprender. Ouvindo você narrar sua trajetória, fica óbvio que tudo o que você fez na vida foi guiado por esta ideia: se divertir por meio da descoberta de coisas e pessoas, e divertir as pessoas contribuindo para que elas também descubram coisas valiosas.

Tas – Posso dar um exemplo até para ficar mais claro: o projeto, talvez, mais evidentemente educacional de que participei foi o *Telecurso*.

Dimenstein – O *Telecurso* foi o mais formal, não é!?

Tas – No início, o *Telecurso* me parecia uma "bola quadrada" que o Fernando Meirelles me passou quando me apresentou a Hugo Barreto, da Fundação Roberto Marinho. O Hugo me disse assim: "Olhe, no formato antigo, o *Telecurso* era apresentado por atores dando aula, fingindo que eram professores. Agora queremos mudar essa linguagem". E começamos a discutir o assunto. Recebi uma pilha de química, outra de geografia, uma de matemática, e assim por diante. Eram pilhas de pepinos em cima da mesa! Eu pensei: "Cara, vai ser muito difícil para a gente se divertir aqui". Montamos, então, uma turma bem grande para injetar ideias ali: o Bráulio Mantovani, o Beto Moraes, a Cláudia Dalla Verde, o Eduardo Duó, o Eduardo Salemi – enfim, vários roteiristas muito talentosos. Acabei coordenando um núcleo com 14 roteiristas que criaram 1.500 programas de televisão de química, geografia, português etc. Para cada disciplina, criávamos um personagem que era o âncora e tradutor daquele universo. Por exemplo, o âncora de geografia era um carteiro. Assim, abordávamos os conceitos de geografia pela visão de um carteiro; a cidade era sua sala de aula.

Dimenstein – Pois então, vê-se claramente aí a recuperação de sua vida em Ituverava, em que a rua sempre foi fonte de novidades, de aprendizado.

Tas – É legal isso! Em química, por exemplo, teoricamente um dos cursos mais chatos e difíceis, a aula mostrava um cara acordando, fazendo café, pegando o ônibus etc. Mostrávamos que no café já havia uma experiência química acontecendo. No ônibus, que o pneu, o material de que é feito o banco, o assoalho... é tudo resultado de conhecimento de química. Que as coisas que a gente aprende na escola têm a ver com o dia a dia.

Dimenstein – Você percebeu o menino de Ituverava tirando a vaca do atoleiro...

Da Aeronáutica para a Poli
(e o mergulho no teatro)

Dimenstein – Eu queria voltar um pouco na ordem cronológica... Você veio para São Paulo, fez a Poli, e aí?

Tas – Na Poli aconteceu uma coisa chocante. Eu sempre estive entre os melhores alunos da escola, mas quando cheguei à Poli, fui de novo para o fim da fila. Na primeira prova na Poli, eu tirei 0,5! Eu nunca tinha tirado uma nota tão baixa! Isso, numa escala de zero a dez.

Dimenstein – Você tinha estudado?

Tas – Não, porque achei que... bem, eu sempre tirava 9, 8, algo assim, e achei que de novo ia acontecer aquilo. Era o curso de Cálculo. Então resolvi estudar *muito*. Pensei: "Vou mostrar com quem eles estão lidando". Tirei 2,5 (*risos*). Então a Poli, para mim, foi como um paredão. Bati contra um paredão. Uma linguagem, uma escola indecifráveis, assustadoras... Imagine, ao chegar lá, passado o trote, a cena era a seguinte: todo mundo com a cabeça raspada e alinhado em ordem alfabética. Então, na minha classe só tinha Marcelo. Se alguém chamasse "Marcelo", todos se viravam para ver do que se tratava. Perdi minha identidade. Passei um ano vagando, sem saber onde estava.

Mas aí fui resgatado pela tecnologia e pela comunicação. Aprendi a programar computador na Poli – em Fortran –, uma das primeiras linguagens de programação de computador. E outra coisa muito especial: comecei de novo a andar com a turma do fundão e descobri um jornal anarquista, que misturava humor e jornalismo.

Dimenstein – Esse jornal era do pessoal da Poli? Como se chamava?

Tas – Era o *Cê Viu?*, um jornalzinho cheio de humor, inteligência e suingue. Os caras que faziam o jornal viraram meus ídolos. Eu queria fazer parte da turma deles, mas eu lhes mandava textos e eles não publicavam. Mandei um monte de textos sem conseguir nada. Era como se eu quisesse conhecer o Caetano Veloso e ele não me desse bola, entende? Daí, no final do segundo ano eles publicaram um texto meu. Aquilo foi para mim uma conquista extraordinária, maior do que passar no vestibular da Poli. Fiquei amigo dos caras e virei mascote da turma. Comecei a frequentar as reuniões de fechamento do jornal – que eram supercriativas. Era um jornal anárquico, com cartum, montagem de fotos para criticar o movimento estudantil, que era quem financiava o próprio jornal. A gente batia na direita e na esquerda, criticava todo mundo e, ao mesmo tempo, o jornal tinha informação. Era um jornal com mil exemplares por mês de tiragem – a maior tiragem do *campus*. Os alunos da Poli de todas as facções gostavam muito... Quando chegava a Kombi com o jornal, as pessoas ficavam na frente do Centro Acadêmico, à espera de um exemplar.

Dimenstein – E, nessa época, onde é que você morava aqui em São Paulo?

Tas – Ai, ai, ai... Nem gosto de lembrar. Quando cheguei a São Paulo é que tive uma verdadeira "vida militar". Os meus primeiros seis meses aqui foram os piores da minha vida! Eu estava fazendo cursinho, curso pré-vestibular...

Dimenstein – Que cursinho você fez?

Tas – O Anglo na rua Tamandaré, na Liberdade. Morava nesse mesmo bairro, na pensão de um espanhol, dividindo um quarto com três caras. Éramos, portanto, quatro caras dentro de um quarto onde também estudávamos. Todos nós íamos prestar engenharia. Quando cheguei, eles me olhavam como alguém a ser atropelado no dia seguinte. "Mais um concorrente", foi a primeira frase que ouvi. Era um horror. O espanhol resolvia os problemas da pensão com um taco de beisebol. Só tinha homem na pensão. Era um ambiente muito "militar".

Dimenstein – Militar no mau sentido.

Tas – No mau sentido. Completamente sem afeto, ninguém tinha apelido nem vida boêmia – nada. Aí eu pensei: "Tudo bem, vou aguentar estes seis meses para entrar na faculdade". Fiz o cursinho e entrei na Poli (onde, logo de cara, todo mundo fica careca e perde o nome). Foi bem traumático. O *Cê Viu?*, esse jornal de humor da escola de engenharia, me salvou.

Dimenstein – Não tinha nada a ver com engenharia?

Tas – Tudo a ver. Na realidade, acho que existe muito preconceito em relação a militares e também a engenheiros...

Dimenstein – A Poli, no meu tempo, era de japoneses e...

Tas – Mas não era; você via assim. Tem gente criativa em qualquer lugar: na Poli, na Aeronáutica, nos bares, nas cadeias, nas escolas e até no jornalismo, imagino (*risos*). Se pararmos para pensar, vamos perceber que criamos essas categorias usando do nosso preconceito mesmo. Existem médicos, economistas e até dentistas criativos – por que não? Então, ali dentro encontrei uma turma que, de novo, me guiou para a questão da paixão, da diversão, de encontrar uma coisa que fosse legal, porque eu estava me afogando em Cálculo I, II, III, IV, Vetores, Transferência de Calor e Massa, Mecânica dos Fluidos... Engenheiro é um bicho muito louco, ele estuda coisas absurdas, malucas, lisérgicas mesmo... Quer ver uma coisa? Eu olho para esta parede aqui à nossa frente e vejo a curva que o calor faz vindo lá de fora até chegar aqui dentro desta casa. Engenheiro é gente esquisita! No segundo ano da Poli, aconteceu uma coisa curiosa comigo, nem sei se se aplica aqui... Em Cálculo I, eu tirei 0,5 e 2,5. Em Cálculo II também ia mal, eu passava ali, no limite da média 5. Dificílima a Poli. Cálculo III é o estudo das equações das superfícies: é preciso olhar para uma equação e enxergar a superfície que ela representa. Pois bem: achei aquilo *muito* fácil: tirei 9,5 na primeira prova. A maioria dos meus amigos tirou 2,0, 1,5... Mas isso só aconteceu em Cálculo III. Em Cálculo IV voltei a ter dificuldade. Mas é que em Cálculo III havia uma coisa que me interessava, que para mim se mostrou muito simples e fácil: a visualização de uma imagem.

Dimenstein – Inteligência espacial.

Tas – É preciso enxergar superfícies, visualizar a partir de algo aparentemente abstrato como uma equação ou uma ideia. Isso é uma coisa que eu gosto muito de fazer, inclusive durante a edição de um vídeo ou um programa de TV: visualizar e distinguir as camadas de uma narrativa. O *Telecurso* tem muito isso.

Dimenstein – E quando a dança e o teatro começaram a fazer parte da sua história?

Tas – A dança e o teatro estavam presentes durante todo esse tempo. Na Poli...

Dimenstein – Você fez dança e teatro na época da Poli? O curso de teatro com o Antunes Filho também foi nesse período?

Tas – Foi tudo junto. Na Poli, em 78, além do grupo que fazia o jornal, havia um grupo de dança. Fazíamos *performances*: chegávamos a um lugar público e dançávamos, ou estávamos num bar ou restaurante e de repente surgia uma coreografia, geralmente com uma música do Arrigo Barnabé.

Dimenstein – Em 77 a gente ouvia Arrigo Barnabé, Itamar Assumpção, ia ao Lira Paulistana...

Tas – Exatamente. A nossa turma da Poli frequentava esse ambiente, e tínhamos nosso próprio grupo de dança: a Company. Uma vez, tivemos a cara de pau de participar de um festival de dança na ECA – a

Escola de Comunicação e Artes da USP. Imagine só os politécnicos dançando no gramado da ECA... Ah, claro, porque a gente achava que o palco tolhia a nossa expressão e coisa e tal.

Em seguida entrei num grupo da chamada *expressão corporal*, que era algo de muito boa qualidade, liderado por Regina Faria, uma discípula do Klauss Vianna, que foi o grande mestre da dança de várias gerações em São Paulo. Comecei então a dançar com o grupo da Regina, dançar mesmo, de verdade. Num final de ano, meus pais estavam em São Paulo, e nosso grupo ia se apresentar. Eles compareceram pensando nem sei bem o quê, talvez que fosse algo que tivesse a ver com meus estudos na cidade. A gente dançava praticamente nu, apenas com um tapa-sexo. Uma loucura! Era eu já saindo pela tangente novamente, desta vez da Poli.

Dimenstein – Mas você conseguiu acabar a Poli?

Tas – Consegui, mas não foi fácil. Durante a Poli, descobri o teatro via Antunes Filho. Fiz um teste, disputando uma vaga com milhares de jovens atores – era mais difícil entrar no curso do Antunes do que na Poli –, mas consegui ser aprovado pelo Antunes e abandonei a Poli. Fiquei um ano no Centro de Pesquisas Teatrais (CPT) do Antunes, e um ano lá significa literalmente 365 dias: não tem domingo, feriado, Carnaval, nada. Nesse ano, conheci o Fernando Meirelles e o Paulo Morelli, que foram até o Antunes porque queriam conhecer atores e fazer ficção. Eles já faziam documentários e queriam partir para trabalhar com atores. Foi assim que encontrei minha próxima turma: a Olhar Eletrônico.

Dimenstein – E você deixou a Poli?

Tas – Naquele momento, abandonei tudo.

Dimenstein – Então você não chegou a concluir o curso de engenharia?

Tas – Concluí depois. Mas naquele ano, joguei tudo *pra* cima e fiquei com o Antunes *full time*, estudando filosofia, pintura, teatro e tudo mais que podia ser absorvido lá. Depois, quando apareceu a Olhar Eletrônico, entendi que era a hora de deixar o Antunes. Diante das novíssimas possibilidades do vídeo, não tive dúvida: "É isso que eu quero fazer". Era uma mistura de tudo que eu já havia experimentado antes: atuação e tecnologia, máquina de calcular com fliperama, contar uma história através de um olhar eletrônico...

Dimenstein – E o ano que você passou ali no curso do Antunes lhe deu o quê?

Tas – O Antunes me deu uma base intelectual e artística sólida. A filosofia... Eu lia coisas fundamentais, que nunca havia lido. Também foi ali que avancei um pouco mais nas técnicas do corpo, que para mim era muito importante como veículo de expressão. O Antunes é ultrarrigoroso e costuma lançar provocações para ver a resposta dos atores. Toda semana ele chegava com uma nova teoria. Certa vez, ele trouxe a "teoria do desequilíbrio" – que, segundo ele, mudava tudo. A técnica consiste em fazer movimentos usando o mínimo de energia possível. Usar o relaxamento dos músculos e a força da gravidade para caminhar, por exemplo. Na mesma hora em que o vi fazendo, a título de demonstração, entendi a ideia e repeti o que ele fez. Ninguém conseguia fazer aquilo, nem os atores mais experientes que estavam lá, ninguém conseguia andar daquele jeito. Aí o Antunes me viu e se surpreendeu: "Que é isso?! Garoto, venha aqui! Você fez sem querer. Faça de novo". E eu fiz. Ele me testou, aprovou e acabei virando professor de desequilíbrio do grupo. Acho que a Engenharia me ajudou a entender melhor o uso da força da gravidade no teatro. O desequilíbrio é uma situação de extremo relaxamento. Na verdade, é a base da técnica de interpretação do Actor's Studio: quando o ator está parado, aparentemente estático, por exemplo, parece que ele não está fazendo nada, mas está se movimentando o tempo todo, sim, extremamente relaxado. Ele anda, para, se vira sem usar os músculos, valendo-se apenas da gravidade. O Antunes queria que a gente tivesse consciência dessa capacidade de causar um desequilíbrio jogando o peso do corpo para frente e frear o movimento, voltando sutilmente o eixo do corpo para trás sem (ou quase sem) esforço algum. A gente nota isso nos grandes atores. Quando um ator está no palco, pode-se observar como ele não gasta energia à toa; o grande ator não faz força para interpretar, está sempre numa situação de relaxamento que garante uma extrema disposição para se expressar. Até nas situações de grande tensão dramática, o grande ator mantém o controle do seu equilíbrio, digamos assim... Enfim, virei professor de desequilíbrio e estava em plena lua de mel com o aprendizado no Antunes quando me apareceu a história do vídeo.

Dimenstein – O Fernando Meirelles foi fazer o curso do Antunes?

Tas – Não, o Fernando e o Paulo Morelli iam de "penetras" nos ensaios atrás de atores.

Dimenstein – E como foi que você descobriu o vídeo?

Tas – Foi numa noite muito engraçada, no teatro Lira Paulistana, onde acontecia o lançamento do primeiro livro de cartuns do Glauco, *Abobrinhas da Brasilônia*. Eu estava lá naquele galpão do Lira, tenho ainda o livro do Glauco autografado.

Dimenstein – O Lira era o lugar que lançava os trabalhos da vanguarda paulistana naquela época, não era?

Tas – Sim, além de teatro, era uma espécie de galeria de arte multimídia: havia um cara tocando e, ao mesmo tempo, um lançamento de livro, além de umas televisões ligadas. Aquilo me chamou a atenção, porque eu nunca tinha visto televisão ligada fora de casa. Não existia isso. Eu também não conhecia o vídeo, era uma tecnologia totalmente nova. E não estava passando a programação normal de televisão, era outra coisa, umas cenas estranhas. Perguntei o que era aquilo, e me responderam: "Isso daí é vídeo". Fiquei curioso: "Vídeo? O que é isso?". "São aqueles moleques ali que estão fazendo isso aí", foi a informação que recebi. Fui até eles e *os moleques* eram o Fernando, o Paulo, o Marcelo Machado, o Toniko Melo, os caras da Olhar. Fiquei conversando com eles: "Nossa, vídeo, como assim? Vocês filmam e depois...". "É tudo eletrônico. E nós fundamos a Olhar Eletrônico". "Olhar Eletrônico? Que maravilha!", exclamei. "Ah, então, nossa produtora fica aqui mesmo, na Benedito Calixto, aparece lá."

E eu apareci. A produtora ficava na praça, era uma casa onde alguns deles moravam também. Era uma coisa *hippie*: panela de arroz integral, todo mundo morando junto, um casal dormia num quarto, a ilha de edição ficava no outro – aquela coisa comunitária, meio Woodstock. Quando me vi diante da ilha de edição, me deu um *tóin*. Fiquei fascinado: uma máquina que permite que se criem várias camadas de som e imagem capturadas para depois serem reorganizadas! Ou seja, eu poderia ir para a rua, capturar a "realidade", e usar a ilha de edição para manipular a realidade e criar outra narrativa: uma ficção, uma reportagem, qualquer história que eu quisesse contar. Daí ficou muito claro para mim: "É isso. É isso aqui que eu quero fazer". Então fui em busca daquilo. O Paulo estava lançando uma ficção que tinha feito com o Fernando, *SAM – Sociedade Amigos do Mar*. O Fernando estava começando a criar sua primeira ficção com atores, *Marli Normal*. Aí me ofereci para acompanhá-lo como assistente de áudio (ficava carregando um gravador de 14 kg, organizando os cabos e tal...), e contei uma mentira para o Antunes (que agora vai saber a verdade). Foi parecido com a cena que eu vivi com o brigadeiro: cheguei para ele, muito sério, e disse que tinha de sair do grupo para terminar a Poli.

Dimenstein – A Poli o salvou de duas, então!?

Tas – Pois é. Bem, não é que me salvou, mas era hora. Eu havia encontrado uma outra coisa que talvez fosse expandir o que eu tinha feito até ali na vida. Não deixava de ser verdade, porque eu tinha que terminar ao menos uma faculdade; uma das duas, porque nessa época eu estava cursando a ECA também.

Dimenstein – Você estava fazendo a ECA também? A ECA você não parou?

Tas – A ECA se diluiu no espaço (esqueci de trancar matrícula). Explico. Foi assim: antes de entrar no curso de teatro do Antunes, eu tinha me tornado editor do jornalzinho anarquista da Poli. Fiquei dois anos nisso: era supersério o negócio, dava *muito* trabalho, e eu ainda tinha que fazer as provas da Poli. Então, minha vida era dura. E havia ainda o grupo de dança... Uma vida bem corrida, quase como hoje. Agenda pesada...

Enfim, fiquei dois anos como editor desse jornal, tomei gosto pela coisa e resolvi prestar vestibular para o curso de comunicação na ECA. Naquela época ainda era permitido cursar duas faculdades públicas ao mesmo tempo, hoje não mais. Eu fazia Poli de dia e ECA à noite. E participava do meu grupo de dança e psicodrama, e do que mais aparecesse.

Quando o Antunes apareceu, abandonei tudo isso. É isto que eu queria deixar claro: para mim, o Antunes significou uma iniciação. Eu tinha visto a peça *Macunaíma*, marco da história do teatro brasileiro criado por ele, umas cinco vezes. Estava totalmente apaixonado pelo teatro. Vi ali uma expressão artística extremamente complexa e merecedora da minha atenção. Joguei então tudo para o ar e fiquei ali um ano internado, professor de desequilíbrio, altamente engajado. Nesse período, criamos o *Romeu e Julieta*, com trilha dos Beatles, que foi um dos grandes sucessos do grupo na época. Cada assistente do Antunes, volta e meia, recebia tarefas também: "Me tragam uma Julieta em dez dias. Cada um de vocês deve me trazer uma Julieta".

Aí cada um de nós chegava com uma Julieta para fazer o teste com o Antunes. Eu conheci uma garotinha linda de 16 anos, que tocava flauta, me encantei e levei a Giulia Gam para o grupo, que acabou ganhando o papel de Julieta e iniciando sua carreira de atriz. Enfim, eu estava engajadíssimo no grupo do Antunes.

Mas aí aconteceu aquela noite no Lira Paulistana, e eu pirei no negócio do vídeo. Fui lá, menti para o Antunes e ele convocou o grupo inteiro e solenemente anunciou: "O Marcelo está nos deixando porque, com muita razão, tem que terminar o curso de engenharia, só falta um ano. As portas estarão sempre abertas...". Enfim, ele fez um discurso superlegal e até hoje tenho uma boa relação com o Magrão.

Saí do Antunes, mergulhei na Olhar Eletrônico e também corri para a Poli porque faltavam apenas três ou quatro matérias para terminar.

Dimenstein – E aí você finalmente terminou o curso na Poli.

Tas – Sim, finalmente terminei a Poli. Mas aí já estava fazendo o Varela.* Já estava fazendo vídeo.

---

* Para quem não sabe, a referência é a Ernesto Varela, repórter fictício criado por Marcelo Tas na década de 1980. (N.E.)

Da Poli para a TV

Dimenstein – Vejamos, então o irreverente repórter Ernesto Varela surgiu na TV em 1983, certo? Nessa época, você já tinha se encontrado com Fernando Meirelles, já tinha se encantado com o vídeo e aí vocês foram para a TV juntos...

Tas – Sim, desde 82 já fazia parte da Olhar Eletrônico. A gente produzia muitos vídeos, só que não existia uma coisa que hoje é trivial para a molecada: a *publicação*. Não conseguíamos publicar o vídeo em lugar algum, não existia YouTube. Só em 1983 fomos convidados a fazer TV. O nosso YouTube foi a TV Gazeta. Antes, passávamos um bom tempo da nossa rotina percorrendo emissoras em busca de espaço na TV.

Dimenstein – E, pelo que você contou, quando descobriu o vídeo você achou que tinha chegado aonde queria. Era uma atividade que unia tudo o que você havia feito na vida até então: o teatro, a tecnologia, a Poli...

Tas – É, ele junta tudo mesmo. Para mim foi assim: "Aqui está uma ferramenta para você desenvolver o seu trabalho, garoto".

Dimenstein – E você encontrou o vídeo no teatro Lira Paulistana, que era ao mesmo tempo um espaço de transgressão.

Tas – É verdade. E não precisei abrir mão do teatro para fazer o vídeo, pois o teatro está dentro do vídeo – o Varela era ficcional, e aquilo tudo fazia muito sentido para mim. A Olhar Eletrônico tinha algo muito precioso para mim, que tem a ver com o Antunes, um espaço que a gente batizou de "Cultural": era uma reunião semanal, de quatro horas, em que a gente parava tudo para estudar. Fechava-se a porta da produtora, era proibido atender telefone e, se alguém chegasse cinco minutos atrasado, ficava de fora... (nós éramos um tanto radicais!). Era um incrível lugar de estudos – sério mesmo, éramos muito ambiciosos. Havia um tema por semana. Por exemplo: Platão, os pré-socráticos, Kant, arquitetura na Renascença... No início, nós mesmos dividíamos a tarefa de preparar a palestra. Depois, quando começamos a ficar mais conhecidos por causa da TV, passamos a convidar gente ilustre para ir até a Olhar Eletrônico dar a palestra no "Cultural". Um dia, conseguimos levar o José Américo Pessanha, o cara que tinha organizado a coleção Os Pensadores para a Editora Abril. Vibramos muito, sentimos que era um caminho sem volta.

Dimenstein – Essa coleção representou uma revolução no mundo editorial, uma referência.

Tas – O Pessanha era nosso ídolo. Era um cara brilhante, generoso, fascinante: José Américo Motta Pessanha. Foi até lá perder seu tempo precioso com aqueles moleques que queriam fazer vídeo. E outros grandes nomes também acabaram aparecendo depois: Daniel Filho,

Walter Avancini, o próprio Antunes Filho e muitos outros craques. Nós adorávamos estudar, que era outra característica da Olhar que também me agradou profundamente. Éramos um bando de jovens de *backgrounds* muito diferentes. O Fernando, o Paulo e o Marcelo fizeram arquitetura...

Dimenstein – Eram quase todos da Faculdade de Arquitetura e Urbanismo da USP, a FAU, não?

Tas – Sim, havia uma turma da FAU, incluindo o Dario Vizeu, nosso mentor intelectual, chefe do "Cultural"; havia também gente da Filosofia da PUC, como o Renato Barbieri, que hoje está em Brasília e é documentarista; tinha a turma do cinema da Faap* – Clóvis Aidar, Sandra Conti e o Toniko Melo, que recentemente dirigiu seu primeiro longa, o *Vips*, com o Wagner Moura. Enfim, formamos um grupo de figuras, reunido em torno de ideias e objetivos, que resolveu estudar além de trabalhar. Ou melhor, estudar no trabalho. E nas reuniões de estudo inventávamos os programas de televisão que iríamos fazer. A reunião de pauta acontecia depois de uma palestra sobre Platão, por exemplo. Esse foi meu DNA de trabalho: a compreensão de que o estudo é parte do trabalho, do cotidiano. E não aquela coisa de que é importante estudar um pouquinho para se dar bem na vida profissional.

Dimenstein – Na verdade, você nunca para de estudar. Cada diversão o obriga a novas descobertas, novos estudos, novas pessoas e novos ambientes.

---

* Fundação Armando Alvares Penteado, em São Paulo/SP. (N.E.)

Tas – Eu confesso que, para mim, é sempre uma questão também de não me sentir preparado. A Olhar Eletrônico era um ambiente que me estimulava a correr para acompanhar tudo o que iria acontecer.

Dimenstein – Daí vocês foram para a TV Gazeta... Como foi esse convite para a Olhar Eletrônico?

Tas – Foi um convite totalmente "irresponsável". A primeira chance que tivemos de alguma visibilidade, de publicação do que fazíamos, foi um festival, o primeiro Vídeo Brasil, em 1983, no MIS. O Vídeo Brasil existe até hoje, agora em parceria com o Sesc, e é uma manifestação artística importante. Naquele ano, dos dez prêmios que havia no Vídeo Brasil, nós ganhamos três – alcançamos alguma visibilidade. Aí, apareceu o Goulart de Andrade. Ele tinha acabado de ocupar todas as madrugadas na TV Gazeta. Estava sempre em busca de parceiros para preencher os horários.

Dimenstein – O Goulart de Andrade foi outra referência na sua vida, não é?

Tas – O Goulart foi o primeiro cara de TV a nos abrir as portas. Chegou numa quinta-feira na produtora e nos convidou de supetão: "Vocês querem fazer televisão, molecada?". Era tudo o que a gente queria ouvir! "Na próxima segunda-feira, tenho duas horas para vocês fazerem o que quiserem, topam?". Duas horas ao vivo! Topamos na hora. Imagine: nós, que nunca havíamos feito televisão, entramos ao vivo – uma loucura! Desde aquela segunda-feira na Gazeta, nunca mais parei de fazer televisão. Foi assim. Depois disso a Editora Abril se interessou por televisão e nos convidou para fazer parte da Abril Vídeo.

Dimenstein – E o Ernesto Varela?

Tas – O Ernesto Varela nasceu dessa necessidade de preencher duas horas de televisão por semana. Já na primeira semana, praticamente esvaziamos a prateleira: colocamos no ar tudo o que tínhamos criado até ali na história da Olhar. Como as nossas especulações filosóficas (o que é a morte, o medo, o futuro...), na forma de documentários feitos na rua com tipos populares (era a parte do programa que chamávamos simplesmente de "Rua"); e havia uma parte do programa ao vivo, que trazia entrevistas, moda, música etc. Fazíamos também videoclipes – na verdade, estávamos na pré-história do videoclipe. Diante dessa necessidade de produzir duas horas de programa por semana, descemos certa vez para Santos para gravar um *show* do Itamar Assumpção. Chegamos cedo ao litoral, tínhamos uma tarde inteira livre pela frente. Aí nos ocorreu: "Puxa, *tá* faltando material para botar no ar. Vamos fazer alguma coisa na rua". Havia um relógio quebrado, na calçada, que estava indicando a temperatura de 62 graus em Santos. Eu, que nunca tinha me aventurado à frente da câmera, me coloquei diante dela, com pose de repórter sério e disse: "Estranha mudança climática aqui no litoral brasileiro: agora, por exemplo, vejam... Está 62 graus". E era só isso. O Toniko Melo, que então era o câmera, criou uma vinheta assim: "Santos Urgente", com aquelas músicas típicas dessas chamadas televisivas. Botamos aquilo no ar e as pessoas acharam engraçado.

O Fernando bateu o olho, gostou e quis criar comigo outras reportagens daquele embrião de repórter ainda sem nome. Começamos a fazer reportagens sobre vários temas. A segunda aparição foi na avenida Paulista. Havia um estacionamento no cruzamento com a Ministro Rocha Azevedo, cheio de bananeiras dando cacho. Fiz um cálculo, com uma maquininha, de quanto custava cada banana daquela ali no metro quadrado mais caro do Brasil na época. No final, concluía: "Está resolvido, então, o problema da dívida externa brasileira: basta derrubarmos dois quarteirões de prédios aqui na avenida Paulista e vendermos essas bananas". No início, o Varela era esse tipo de *nonsense*, sem entrevistar ninguém.

Até que um dia resolvemos tomar coragem e testar o repórter com um entrevistado de verdade. O Moraes Moreira ia dar um *show* na USP e, em seguida, haveria uma coletiva. Esperei a coletiva terminar e fui chegando perto dele, morrendo de medo, e perguntei: "O senhor pode me dar uma entrevista?". "Qual é a televisão?" "Gazeta", respondi. Ele disse então: "*Tá* bom. Qual o seu nome?". Respondi: "Ernesto Varela". Ele deu a entrevista, acreditando que eu era repórter. Depois disso, pensamos: se ele acreditou, muitos outros também podem acreditar. Fomos em frente, entrevistando todo tipo de gente.

Dimenstein – E assim você criou um *repórter ficcional*, que é uma figura que não conhecíamos, não havia isso no Brasil, nem sei se tinha registro de algo parecido mesmo em outros lugares.

Tas – Eu não conhecia nenhum. Depois de alguns anos de trabalho, quando comecei a viajar para fora do Brasil, frequentar festivais, conheci alguns outros grupos – um na França, outro nos Estados Unidos – com irreverência parecida. Mas, no início, começamos a fazer o Varela sem nenhuma referência.

Dimenstein – O Varela talvez tenha sido o personagem que mais colocou você na mídia, não? Até hoje, de alguma forma, as pessoas voltam para o Varela.

Tas – O Varela foi minha iniciação profissional, faz parte do meu DNA. Foi quando comecei a trabalhar com televisão mesmo, pra valer. E já comecei lidando com um material extremamente "inflamável", digamos assim, a política. O nosso cenário era um final de ditadura e início de redemocratização do Brasil com a campanha por Eleições Diretas. Também realizamos algumas viagens incríveis com o Varela: Cuba e União Soviética, por exemplo. O Varela foi, digamos, um ruído, numa época em que a televisão era muito "quadrada", muito certinha. E chamou a atenção das pessoas. O que acho legal é que chamou também a atenção dos próprios jornalistas. Então, quando eu encontrava os jornalistas nas coberturas – que passaram a ser meus colegas, evidentemente –, eles me diziam que adorariam poder fazer aquelas perguntas. Curiosamente, eles gostavam de se ver na TV sendo entrevistados por mim. Achava aquilo engraçado, afinal eram caras que viviam o dia inteiro com a cara na televisão, nos canais de maior audiência que o meu. Enfim, eu tinha a admiração de alguns dos meus ídolos do jornalismo. Tive a chance de aprender com alguns deles a nossa função naquele momento histórico de final de ditadura e início do movimento das Diretas Já, que foi um episódio da recente História do Brasil que documentamos bastante. Assim, o jornalismo entrou para valer na minha vida. Depois, fui convidado para trabalhar em alguns veículos, como repórter e colunista, assinando como jornalista pessoa física, Marcelo Tas mesmo. Na primeira eleição presidencial pós-ditadura, quando aconteceu aquele segundo turno Collor x Lula, fui repórter especial da *Folha de S.Paulo*. Tive também uma experiência na *IstoÉ* (sob a batuta do Mino Carta), na *Trip* e na própria *Folha* como colunista de TV, analisando o horário eleitoral gratuito do ponto de vista da linguagem audiovisual. Enfim, comecei a participar da tentativa ingrata de traduzir o cotidiano, que é o jornalismo. O Varela foi uma porta de entrada; mas sempre me interessou participar mais amplamente do universo do jornalismo, além do personagem. E o curioso é que, quando a minha carreira parecia estabilizada, recebi um convite da TV Globo para fazer o *Vídeo Show* – um programa que está no ar até hoje. Nessa época, a Olhar Eletrônico já estava numa fase de transição, digamos. Começando a priorizar os filmes publicitários. Aí topei fazer o *Vídeo Show* para continuar fazendo TV. Eu já havia tentado, sem sucesso, fazer uma coisa um pouco mais ousada que o Varela. Era algo como o *CQC*, na TV Manchete, chamado *O Mundo no Ar*. Era um telejornal de humor com notícias da semana. Havia dois apresentadores, a atriz Cecília Homem de Melo e o jornalista César Monteclaro, um dos primeiros âncoras da televisão brasileira, na TV Tupi de São Paulo. Todos éramos repórteres: o Fernando, o Toniko, o Renato Barbieri e eu de Ernesto Varela. Enfim, era um telejornal que misturava humor e jornalismo. Durou só um mês na Manchete, porque a direção não suportava a nossa liberdade editorial. A experiência me mostrou que ainda não era o momento de fazer aquilo. Quando veio o convite da TV Globo, pensei em inventar alguma coisa para fazer no *Vídeo Show* que pudesse aproveitar a estrutura e a qualidade de produção da emissora. Mas surgiu uma oportunidade muito especial: ganhei uma bolsa para estudar nos Estados Unidos.

Dimenstein – Mas você chegou a fazer o *Vídeo Show*?

Tas – Fiz o *Vídeo Show* por quase um ano, só que ganhei a bolsa de estudos logo em seguida. É dificílimo conseguir essa bolsa norte-americana, a Fulbright. Quando a Globo me convidou e fomos assinar o contrato, que eles queriam que fosse por dois anos, eu contei sobre meus planos: "Olha, acho que isso não será possível, porque estou concorrendo a uma bolsa de estudos". "Estudos!?" "É, eu vou estudar. Estou pedindo uma bolsa e, se ela sair, vou ter que aceitar." "Ah, garoto! Você está dizendo que está na Globo e que, se ganhar uma bolsa de estudos, vai embora?" Respondi: "Sim". "Ah, assine aí. Tudo bem." Enfatizei: "Tudo bem, mas vocês estão avisados". Ganhei a bolsa e, quando fui lá e contei para os caras que eu ia embora, eles não acreditaram.

Dimenstein – Mas esse é um momento-chave em sua biografia para definir quem você é na vida. Porque você não ficou refém, o que talvez muitas pessoas não consigam entender…

Tas – É, eu poderia ter ficado ali e não seria mau também, porque o meu trabalho ia muito bem. Veja só: o programa do Chacrinha vinha colado no *Vídeo Show*, e nós dávamos mais audiência que ele. Eu achava uma loucura apresentar um programa que dava mais audiência que o Chacrinha! Eu lembro que a primeira vez em que cruzei com ele, num camarim, eu não sabia como agir – não sabia como beber água, entende? Aí o grande pianista Arthur Moreira Lima, que estava a meu lado, percebeu e me disse: "Eu sei o que você está sentindo, Marcelo. É como se eu tivesse encontrado Mozart" (*risos*). Respondi: "É, talvez".

Enfim, eu estava num ambiente extremamente rico do ponto de vista profissional, mas a bolsa de estudos significava muito *pra* mim. De novo, era algo que eu tinha muita certeza de que seria importante na minha vida. Certeza não, intuição. E foi realmente fantástica essa temporada em Nova York.

Dimenstein – Você já conhecia Nova York?

Tas – Eu já tinha ido a Nova York, mas morar lá é muito diferente. Foi um choque, foi uma experiência de corte radical...

Dimenstein – Isso foi em 1987, certo?

Tas – Exatamente. Eu fui a Nova York pela primeira vez em 85, direto de Cuba, onde gravei um especial do Varela; a equipe voltou para o Brasil, para editar as reportagens que havíamos feito lá, e eu saí de férias. Eu havia feito o Varela durante três anos sem parar e naquele momento consegui tirar um mês de férias. Peguei um voo Havana-Miami – um voo horrível, de 15 minutos, numa companhia aérea sem nome, um avião sem logotipo, um negócio muito esquisito – e botei o pé nos Estados Unidos pela primeira vez. Sozinho. De Miami liguei para um cara que tinha conhecido aqui no Brasil, que queria fazer cinema e tal (que se tornou um dos meus melhores amigos, padrinho dos meus filhos): Henrique Goldman – documentarista que hoje mora em Londres –, o cineasta que fez o filme *Jean Charles*, lançado em 2009. Naquela época o Henrique morava no East Village, em Nova York.

Dimenstein – Ele estava à sua espera?

Tas – Mais ou menos: cheguei a Miami e liguei para o Henrique de um telefone público. Ele me disse para ir à casa dele, que eu podia ficar lá. Cheguei a Nova York, peguei um táxi e num dado momento o motorista, que era um negão rastafári, falou: "Daqui para a frente não te levo. Pode descer". Fiquei em dúvida se havia entendido bem... Ele me largou a duas quadras do meu destino. O East Village na época era mais que *underground*, era uma barra pesadíssima. Gente bem louca pelas ruas, edifícios literalmente pegando fogo... Eram as próprias pessoas que punham fogo no prédio para evitar que fossem despejadas. O Henrique morava no quarto andar e só dava para ir até lá pelas escadas. Sem exagero, lembro bem disso: ao subir, pelas frestas eu podia ver famílias morando dentro daqueles buracos, que nem ratos, entende?
Cheguei ao apartamento do Henrique, que era enorme para os padrões de Nova York, mas com um chão completamente torto, inclinado. Tinha uma bola de basquete lá, que ficava o tempo todo rolando pelo apartamento... Foi uma experiência realmente incrível. Quem também estava hospedado lá na casa do Henrique era o Leon Cakoff, que estava iniciando a Mostra Internacional de Cinema de São

Paulo. Podem confirmar isso com ele. Meu encontro com Nova York foi definitivo. Acabei ligando para São Paulo e combinei com a Abril Vídeo de fazer um especial do Varela em Nova York. O Henrique, que já estava iniciando sua produtora, a Mango Productions, topou cuidar de toda a produção. Eu disse: "Mas eu queria ainda ir para a Europa curtir minhas férias...". Ele não teve dúvida: "Então vá para a Europa e volte em 15 dias". Aí fui para Londres, Paris, Veneza – fiquei umas três semanas perambulando pela Europa, voltei e fizemos o Varela em Nova York.

Dimenstein – Com o Varela você viajou muito. Você foi para Moscou...

Tas – Moscou, Cuba, Nova York, Amazônia, Nordeste, o Brasil inteiro. E fizemos também as eleições diretas, a votação da emenda Dante de Oliveira... Enfim, circulamos muito.

De Nova York para o *Rá-Tim-Bum*

Dimenstein – E aí em Nova York, você passou um ano na escola de cinema da NYU,* não foi?

Tas – Sim, a bolsa da Fulbright é genial.

Dimenstein – Mas você foi sem arrependimento?

Tas – Olha, fui numa situação de fragilidade. Quando ganhei a tal da bolsa, estava namorando a figurinista Cláudia Kopke (*Tropa de elite* 1 e 2; *Casa de areia*; *Eu, tu, eles*; *Dois filhos de Francisco*) então resolvemos nos casar e que ela iria comigo para Nova York. Fui para lá com uma bolsa de mil dólares – uma vida bem complicada. Pagávamos um aluguel de 600 dólares para morar praticamente dentro de uma caixa, no East Village. O pequeno *studio* ficava ao lado da biblioteca da NYU, que virou minha segunda casa. E a Cláudia, que já estudava moda nessa época, fez alguns cursos na área. Assim, não foi fácil largar uma vida muito segura aqui, de contratado da Globo, por uma vida extremamente difícil de estudante, com recursos escassos.

---

* New York University. (N.E.)

Dimenstein – Aliás, parece que esta é a lógica: largar coisas seguras para se envolver em coisas sem nenhuma segurança, não é mesmo!?

Tas – É, parece que isso aconteceu algumas vezes...

Dimenstein – Toda vez é a mesma coisa: a situação segura não é a sua praia.

Tas – Eu diria que ela não é suficiente. Não é que eu goste da insegurança, mas...

Dimenstein – Não seria o desejo de evitar a previsibilidade?

Tas – Eu acredito que, quando não estamos estimulados pelo que fazemos as coisas não valem tanto a pena. Quando não estou diante de algo que me leve a ampliar o que faço, o que conheço, perco o interesse. É difícil permanecer num lugar em que não há mais o que conquistar porque já se alcançou o teto, então não há como crescer, ou conhecer mais coisas.

Dimenstein – Este é um momento importante dessa narrativa. Você voltou para o Brasil...

Tas – Eu voltei para o Brasil com uma mão na frente e outra atrás. Zerado, desempregado, com minha mulher grávida e ainda, na volta, por capricho, demos uma passadinha por Tóquio, para dar uma espiada...
Na universidade nos Estados Unidos conheci um japonês do interior do Japão, da cidade de Sendai, com quem mantive laços fortes de

amizade. Ele me convidou para ir à sua casa (e, quando um japonês convida alguém à casa dele, é coisa muito séria). Embora a Cláudia estivesse grávida, resolvemos dar uma passadinha pelo Japão antes de voltar ao Brasil. Inicialmente fomos a Tóquio, onde ficamos uma semana, e depois fomos para a casa desse amigo, o Hiromichi Tadano. Muito tradicionalista, ele ficou um pouco ofendido, digamos, por conta da nossa paradinha em Tóquio. A cidade dele, Sendai, no norte do Japão, fica numa região linda, de cultura riquíssima; é a região onde vivia Bashô, o poeta do haicai. Hiro nunca gostou dos rumos modernosos do Japão desde aquela época. Imagino que ele esperava que ficássemos todo o tempo em sua cidade... Ficar na casa dele foi uma experiência única, depois voltamos para Tóquio e de lá para o Brasil.

Dimenstein – E você estava sem nada.

Tas – Nada.

Dimenstein – E o que você fez?

Tas – Bem, estava no ar o *TV Mix*, projeto que o Fernando Meirelles havia criado na TV Gazeta. Aí me chamaram para dar uma entrevista sobre minha viagem. Quando cheguei na avenida Paulista, olhei para os prédios e fiquei muito chocado: minha impressão era a de que os prédios tinham sido serrados no segundo andar, pareciam prédios anões. Era como se eu estivesse em Poços de Caldas – com todo o respeito a essa cidade. São Paulo parecia uma cidadezinha do interior. E meus amigos fazendo programa de televisão...

Sabe o que eu fiz? A caminho da TV Gazeta, entrei numa livraria e comprei um dicionário.

Dimenstein – Por quê?

Tas – Não sei. Talvez quisesse começar do zero, foi minha primeira atitude – "primeiro, um dicionário". Eu sempre tive mania de dicionário. Eu fazia as matérias do Varela pensando na palavra: "Qual é a palavra-chave desta reportagem?".
Diante da minha angústia na avenida Paulista, entrei numa livraria e comprei um dicionário, era o *Novo Aurélio*. Pensei: "Vou começar tudo de novo".

Dimenstein – E aí o que aconteceu?

Tas – Era uma situação dramática. Isso foi em 1988. A Cláudia grávida, eu desempregado, e nós chegando ao Brasil do Sarney, inflação galopante etc. Comecei então a fazer uma coisa aqui e outra ali. Fiz um programa para a TV Record – um dos menos vistos do que fiz até hoje e um dos que mais gosto –, uma ficção chamada *Retrospectiva do Ano*, usando imagens do arquivo da Record de 1958, portanto, de 30 anos antes. Eu mostrava que as notícias do país, 30 anos depois, eram as mesmas: inflação, corrupção, carestia, desemprego, era tudo igual, e o telejornal era feito pela dupla de *O Mundo no Ar*, Cecília Homem de Melo e César Monteclaro. De novo, era um telejornal falso, com dois âncoras. Virou um especial de TV sensacional. Em 1989, o Fernando Meirelles percebeu que eu estava cheio de energia acumulada e ideias, e me convidou para participar da criação do

Rá-Tim-Bum, na TV Cultura. A ênfase dos meus estudos em Nova York havia sido a comédia no cinema, especialmente na mudança de narrativa com a chegada do som. Estudei toda a obra do Buster Keaton, por exemplo, todos os curtas e tal. Voltei com a cabeça fervendo, estava realmente com a caixinha cheia de ideias, de *sketches* e imagens. O Fernando me convidou e aí, pronto, lá fui eu fazer parte do núcleo de criação do *Rá-Tim-Bum* com ele, Flávio de Souza, Flávio Del Carlo e Paulo Morelli.

A pedagogia explícita:
Rá-Tim-Bum e *Telecurso*

Dimenstein – É nesse momento que educação e comunicação se juntam na sua vida de forma perfeita e acabada...

Tas – É, exatamente, Gilberto, de uma maneira muito clara.

Dimenstein – E esse trabalho teve grande repercussão, até em outros países: vocês ganharam os principais prêmios, não foi?

Tas – É verdade. O *Rá-Tim-Bum* foi um projeto bem importante e de muita responsabilidade, porque nós tínhamos de lidar com conteúdos pedagógicos explícitos, algo com que eu não estava acostumado. Então, nós tínhamos liberdade para criar o programa, mas tínhamos de inserir informações previamente preparadas pelos consultores pedagógicos: "Olhe, está aqui uma pasta com informações sobre *lateralidade*, tema que vocês devem abordar"; ou "vocês vão ter de falar sobre os conceitos de quente e frio, macio e áspero", e assim por diante. Enfim, foi quando comecei meu esforço de tentar traduzir conteúdos complexos para o universo da televisão.

Dimenstein – É interessante pensar como o fato de você ter feito a Aeronáutica e a Poli o ajudou. Afinal, como você poderia entender conceitos complexos de ciências se não tivesse estudado coisas desse tipo antes? A gente só consegue traduzir o que entende. Quanto mais se entende, mais fácil fica traduzir.

Tas – É, hoje entendo melhor a importância e até talvez a razão de eu ter buscado uma formação técnica. No caso da TV Cultura e do *Rá-Tim-Bum*, o legal é reconhecer a importância de o Roberto Muylaert, então presidente da TV Cultura, disponibilizar recursos e dar liberdade para a ousadia de uma turma de jovens ainda inexperientes para um projeto daquelas dimensões. Isso é uma coisa que a televisão desaprendeu, principalmente a TV pública brasileira. Hoje é fácil entregar um projeto para o Fernando Meirelles, ou para mim, ou para qualquer outro que já tenha anos de experiência com televisão. Mas quando a pessoa é inexperiente, é mais ousada, deveria receber com mais frequência tarefas importantes. Aí existe algo bastante importante: *quando se valoriza a inexperiência no sentido de que ali pode brotar uma criação original, isso é muito legal, é muito necessário...* Especialmente na televisão, um veículo que necessita de renovação de linguagem o tempo todo.

No *Rá-Tim-Bum*, havia a intenção de fazer algo *muito* ousado. O programa não tinha apresentador fixo, os quadros eram circulares, aleatórios – o programa começava cada dia de um jeito diferente. Isso, num universo onde a TV infantil da época era muito "careta", "quadradona", cujos ícones eram Xuxa, Angélica, Eliana, Mara Maravilha, que eram as "donas" da faixa infantil. O *Rá-Tim-Bum* era não linear, sem apresentador fixo, educativo e com conteúdos complexos. O programa causou um impacto muito forte. Próximo da estreia do projeto, aos 45 do segundo tempo, a gente já havia criado muitas coisas legais, mas eu ainda estava sem quadro. O Fernando falou: "E aí, você não inventou nada para você fazer, cara? Pensa em alguma coisa aí para você botar a cara de novo...". Assim surgiu o Professor Tibúrcio. Hoje, olhando com distanciamento, dá para perceber que o personagem é uma bandeira de várias coisas que me interessavam na época. A figura do professor, algo que sempre me fascinou, e em preto e branco, se movimentando numa linguagem de cinema mudo, totalmente Buster Keaton: o enquadramento com a câmera fixa, o personagem se deslocando pelo quadro, crescendo, desaparecendo e tal. Tudo a ver com as imagens que tinham me impactado na minha temporada na NYU.

Dimenstein – Acho que seria legal você contar um pouco sobre a repercussão do programa.

Tas – No início, na fase de estreia do *Rá-Tim-Bum*, a tensão era muito forte: "Será que as crianças vão entender isso?". Era uma coisa muito estranha, um programa muito *diferentão*, como o Varela, no início. Só que o *Rá-Tim-Bum* era um projeto muito maior: 175 programas, com recursos da Federação das Indústrias do Estado de São Paulo (Fiesp), um esforço extraordinário da TV Cultura, então a responsabilidade era grande. Aliás, quase que o Professor Tibúrcio foi cortado, antes da estreia, porque alguns consultores acharam que o personagem poderia servir para ridicularizar a figura do professor; e havia ainda a

questão da agressividade, porque ele às vezes usava uma régua para bater na lente, dar bronca na classe etc.
Sabe qual foi meu argumento para defender o Professor Tibúrcio? O Disney! Mostrei uma cena do *Bambi* violentíssima, você se lembra? A mãe morre na neve, sangue e tal. Eu disse: "Senhores, as crianças gostam de sentir medo. É uma forma de catarse. É saudável. O professor vai dar um pouco de medo, mas é uma brincadeira". Hoje, no Orkut, existem dezenas de comunidades "Eu tinha medo do Professor Tibúrcio". No Twitter o pessoal também me conta que tinha medo dele. E era mesmo para ter um pouquinho de medo, foi de propósito. Acabou virando um personagem emblemático do projeto. Quando o *Rá-Tim-Bum* estreou, houve um primeiro momento de choque e, logo em seguida, uma enorme aceitação. Com três meses no ar, empatamos em audiência com o programa da Xuxa. Era algo que não imaginaríamos nem nos sonhos mais megalomaníacos, porque a Xuxa era campeã absoluta das manhãs da Globo. E a maluquice é que o *Rá-Tim-Bum* está no ar até hoje, o mesmo *Rá-Tim-Bum* dos anos 90. Vinte anos de reprise. E o programa ainda está lá, *causando*.

Dimenstein – O que o *Rá-Tim-Bum* descobre em termos de educação? Que é possível fazer uma educação pela comunicação profunda e ao mesmo tempo atraente, é isso?

Tas – Para mim, o *Rá-Tim-Bum* diz o seguinte: não subestime a inteligência das crianças. Por mais inteligente que você pensa que é, as crianças vão dar um nó na sua cabeça, elas vão querer que você seja mais. Foi isso que esse programa me ensinou.

Aprendo com as crianças o tempo todo. Tenho ainda a vantagem de ter muitos filhos: a Luiza, de 22, do primeiro casamento; e o Miguel, 9, e a Clarice, 5, do meu atual casamento com a atriz Bel Kowarick. Para acompanhar a alta velocidade das transformações do mundo, o indivíduo só tem uma coisa a fazer: filhos!

Dou outro exemplo de aprendizado com as crianças: estou desenvolvendo um projeto atualmente, para o Cartoon Network, chamado *Plantão do Tas*, que é um telejornal falso, em que todas as notícias são absurdas. Num momento, tivemos sérias dúvidas se isso daria certo, se seria absorvido, se as crianças iriam gostar... Afinal, imagine um telejornal falso, para crianças de três a dez anos, contemplando todas as editorias tradicionais do jornalismo: política, meio ambiente, trânsito, esportes... Começamos com um especial, e o impacto foi muito grande. Já estamos na terceira temporada. Descrevo um deles para que você tenha uma ideia: eu sou o âncora no estúdio e há dois repórteres mirins:

— Iolanda Violeta, onde você está?

— Estou aqui no Polo Sul.

— O que está acontecendo por aí?

— Mudanças climáticas. Por causa do aquecimento, os pinguins estão morando em geladeiras.

(Aí corta e os pinguins estão todos dentro de uma geladeira e lá fora um enorme calor.)

— E o que eles estão comendo, Iolanda?

— Bem, Tas, os pinguins comeram tudo o que havia dentro da geladeira. Agora, começaram a pedir *delivery*. O Polo Sul está sendo

invadido por um bando de motoqueiros entregadores de *pizza*, o que contribuiu para piorar ainda mais o aquecimento do meio ambiente! Fizemos essa notícia e fiquei, temeroso, à espera da reação. Depois da estreia do projeto, recebi um *e-mail* de uma mãe que era algo assim: "Olhe, meu filho tem uma sugestão para as próximas reportagens que vocês vão fazer. Ele gostou muito daquela notícia do Polo Sul, dos pinguins dentro da geladeira, e então ele sugere: 'Por que vocês não fazem alguma coisa nas Ilhas Galápagos mostrando que, por causa das mutações genéticas, as tartarugas estão andando tão rápido que estão causando congestionamentos?'".
Então, enquanto a gente está indo, as crianças já voltaram e já estão indo de novo.

Dimenstein – E o *Rá-Tim-Bum*, se eu estiver certo na análise que estou fazendo aqui, é o projeto que lhe ensina o poder da comunicação como instrumento educativo, não é? Porque, até então, você não havia tido uma experiência dessa radicalidade.

Tas – Não, não tinha. E formal também. Foi preciso pensar numa forma e ter a pressão, o atrito com a pedagogia. O *Rá-Tim-Bum* me ensinou muito isso, que vale a pena esse atrito.

Dimenstein – De que tipo de atrito você está falando?

Tas – O atrito entre televisão e pedagogia. Tínhamos verdadeiros embates com as pedagogas.

Dimenstein – Por não ser aquela coisa formal, *careta*?

Tas – Aí está uma coisa em que, depois, no *Telecurso*, acabei quase fazendo pós-graduação... Na maioria das vezes, as pedagogas têm medo de que a televisão deturpe o conteúdo, e nós temos medo de que as demandas apresentadas por elas *encaretem* a televisão. E foi no *Rá-Tim-Bum* que entendi que dá para os dois ganharem: sem a pedagogia, não criaríamos nada que durasse ou que fosse eficiente em termos de educação; e sem ousadia na criação, a pedagogia não teria tanto poder de comunicação. Assim, quando estreou o *Rá-Tim-Bum*, após um grande suspense, pudemos comemorar: nós e a pedagogia.

Dimenstein – Então, é nesse momento que você consegue descobrir a linguagem pela comunicação eficiente.

Tas – É nesse momento que eu vejo que o negócio existe e funciona.

Dimenstein – E no *Telecurso* você aplicou isso?

Tas – Sim, o *Telecurso* é resultado exatamente disso. E também o *Castelo Rá-Tim-Bum*, que é outro projeto que engatei na sequência.

Dimenstein – Mas o *Telecurso* parece mais desafiante ainda, porque não tem uma proposta lúdica, não é mesmo?

Tas – O *Telecurso* é o projeto mais difícil que fiz até hoje na minha vida. E continua sendo porque continuo fazendo. Ele acabou de ser atualizado. Agora tem filosofia, sociologia, música...

Dimenstein – Por que é o mais difícil?

Tas – Porque lida com o conhecimento formal para atender uma pessoa que está numa situação extremamente desfavorável na vida. Geralmente, o cara está numa periferia do Acre, ou do Amazonas, ou mesmo da grande São Paulo, e precisa passar no supletivo. Ele não quer só ver um programa divertido, é vital que ele aprenda aqueles conteúdos. Ele vê aquilo como uma ferramenta de salvação, até das agruras da vida. Então, não é mais uma coisa só lúdica que vamos criar para ser divertida, ganhar prêmios...Tem que ser eficiente na comunicação de conteúdos complexos, do currículo escolar. Química, por exemplo – gosto de usar essa matéria como exemplo porque acho o maior desafio fazer com que o conteúdo de química pareça interessante. E matemática, geometria, português etc.

Dimenstein – Mas consegue. Assim você mostra para o professor que é difícil, mas possível.

Tas – O *Telecurso* é um sucesso absoluto. Já são mais de cinco milhões de brasileiros que usaram o método e foram *aprovados* no supletivo. E esse número de cinco milhões que estou dando é de 2007. O *Telecurso* é uma prova de que vale a pena investir na teleducação. Ainda mais num país das dimensões continentais do Brasil.

Dimenstein – Há quanto tempo você participa do projeto?

Tas – Eu comecei em 96, 97.

Dimenstein – Então, provavelmente, Marcelo, você é uma das pessoas que deu aula para mais gente no país!

Tas – Mas, veja bem, não sou só eu (e não estou aqui fazendo um exercício de humildade): a produção do *Telecurso* é composta por mais de 100 pessoas, isso só no que se refere à televisão.

Dimenstein – De qualquer forma, para quantos alunos vocês deram aula em todo esse tempo?

Tas – O *Telecurso* é considerado o maior curso de educação a distância do mundo. É uma referência mundial. A educação a distância é uma ferramenta estrategicamente favorável ao Brasil, pelas suas características geográficas. Os outros países que se aproximam dos resultados obtidos pelo *Telecurso* brasileiro, são a Austrália, mas a população não é tão grande, e o México, que também criou uma forte estrutura de ensino a distância.

Dimenstein – Marcelo, sua trajetória profissional está marcada por essa junção de comunicação e ensino. O seu comunicar sempre foi influenciado pela ideia de ensinar. Pode-se ver com clareza que na sua vida você vai aprendendo e compartilhando – você parece viciado em aprender. Então, você é capaz das maiores ousadias, até de se colocar em risco, pela vontade de aprender: você está em Ituverava, pega o ônibus e vai para a Aeronáutica; sai do curso do Antunes Filho e vai para a Olhar Eletrônico; está no *Vídeo Show* e vai para Nova York; de lá, com a mulher grávida, segue para o Japão... Enfim, seu depoimento evidencia que você não só gosta muito de aprender, como procura sempre compartilhar o que sabe, o que aprendeu. É assim que essa dimensão da sua vida fica gigantesca de fato quando se nota que, de um lado, você chegou a milhões de pessoas com o *Rá-Tim-Bum*, e, de outro, você também chega a outros tantos milhões com o *Telecurso*, de modo formal mesmo, de aula. O que estou falando, então, é que, vendo a sua trajetória, talvez você faça parte da maior experiência de educação da história do Brasil.

Tas – O *Telecurso*, para mim, é algo muito grande e onde enfrentei, talvez, um dos desafios mais complexos que já vivi: o de ter de defender e explicar as nossas ideias televisivas aos vários parceiros do projeto: professores, consultores e inclusive ao financiador, pois é muito importante, para um projeto dessas dimensões, ter um financiador que entenda o alcance de tudo que está sendo feito. Trata-se de um projeto caríssimo, você pode imaginar o custo de produzir cerca de dois mil programas de TV.

Dimenstein – São quantas salas?

Tas – Cerca de 30 mil salas de aula espalhadas pelo país, que ficaram conhecidas no projeto como "telessalas", por onde já passaram aproximadamente seis milhões de alunos.

Dimenstein – Eu realmente acredito que se trata da maior sala de aula da história mundial.

Tas – Só para você ter uma ideia da grandiosidade do projeto, do que aconteceu, vou lhe dar um exemplo. Em primeiro lugar, algo parecido com o *Rá-Tim-Bum*: medo, dúvida... Será que isso vai funcionar? Afinal, em vez de colocarmos alguém que domina o tema para falar, criamos situações do cotidiano para transmitir o conteúdo em linguagem televisiva. Usamos a linguagem da novela, do jornalismo, da animação, dos programas de entrevistas etc. Usamos a linguagem a que o nosso público estava acostumado na TV, só que tudo a serviço da pedagogia. No início, fui muito questionado pelos pedagogos: "Marcelo, você não acha que isso está muito videoclipe?", ou "isso não está muito teledramaturgia?". Eu negava e garantia que aquilo era pura *pedagogia explícita*; repetia isso o tempo todo. Quando o programa entrou no ar e todos começaram a ver os resultados, foi um grande alívio. E aí, como o projeto era longo (de três, quatro, cinco anos), nos cursos seguintes os professores já vieram muito mais abertos, sabendo que a coisa era eficiente. Gerou-se, assim, um círculo virtuoso. As últimas disciplinas que entraram no ar são um orgulho só: filosofia, sociologia, música... Criamos um taxista, cujo nome é Sócrates, que dá aula de filosofia. Você imagina algo mais filosófico do que um motorista de táxi? É um cara que questiona tudo, que olha a cidade com distanciamento e faz perguntas fundamentais. Apresentamos toda a filosofia grega com o taxista Sócrates. Foi um *presentão* participar da criação dessa série!

A descoberta do digital

Dimenstein – Acho que seria legal você contar ainda sobre uma fase, Marcelo, que foi a descoberta do digital... Quando ninguém falava em *blogs*, você já tinha *blog*, não é?

Tas – Eu descobri o digital lá na minha temporada em Nova York, em 1988. Na NYU, estudei cinema e televisão. Pouco antes de eu vir embora, conheci um departamento que estava começando: mídias interativas.

Dimenstein – E é bom lembrar que nessa época não existia internet como conhecemos hoje, não existia www.

Tas – Não, Gilberto, era muito mais grave: não existia computador pessoal. Havia computadores apenas nas empresas e em algumas universidades, mas ninguém tinha computador em casa. E a NYU, que sempre foi de ponta...

Dimenstein – Em 1988 já criaram um departamento de mídias interativas?

Tas – Já. Chamava-se Interactive Telecommunications Program (ITP).

Dimenstein – Só isso já teria valido todo o risco.

Tas – Estive em Nova York recentemente e fiquei muito emocionado, porque o prédio onde estudei, o da escola de artes, que se chama Tisch School of the Arts – do qual faz parte o departamento de cinema – hoje é um grande ITP. A NYU entendeu o quanto a nossa era digital abraça todas as artes. Digamos que o caroço do abacate, hoje, é a interação.

Dimenstein – E o que você conheceu nessa época relacionado à tecnologia que estava nascendo?

Tas – No ITP, eu naveguei na internet em 88, fazia *chat*, usava *e-mail*... Aliás, a internet existia nos Estados Unidos desde a década de 60. Foi criada numa parceria aparentemente paradoxal entre os militares e o mundo acadêmico norte-americano. Por isso o meu choque quando cheguei ao Brasil. Parecia que eu estava de volta a Ituverava!
Mas fiquei muito atento àquilo que estava para chegar, muito atento mesmo. E chegou para mim em 1992, quando eu estava morando no Rio. Na época, tinha contato com o Betinho, que todo mundo conhece por causa da Campanha da Fome, mas a maioria das pessoas não sabe que foi ele, através de uma ONG, o Ibase, que trouxe o primeiro provedor de internet para o Brasil.

Dimenstein – O Betinho foi a primeira pessoa que me mostrou isso. Era BBS, na época.

Tas – O provedor do Ibase se chamava Alternex: alternex.org.br. Não havia ainda a interface gráfica da *web*. Era tudo em preto e branco, e só texto. Meu primeiro *e-mail* foi: mtas@alternex.org.br – isso em 92, 93, a internet chegando... Minha entrada foi precoce.

Dimenstein – Só em 94 que a internet ficou comercial no mundo com o *browser*.

Tas – E os principais provedores e portais vieram depois, como o UOL, em 96. Depois, fui convidado para assumir a condução do *Vitrine*, na TV Cultura, que já existia há muito tempo mas naquele ano, 1998, passou a falar com ênfase da revolução digital que estava chegando. Foi muito legal porque eu já estava acompanhando aquilo fazia um bom tempo. Foi ótimo poder falar disso em um programa em rede nacional, ao vivo... Aliás, eu entrevistei você lá, lembra?

Dimenstein – Era o começo de tudo.

Tas – Era o começo da *web*. E dessa transformação gigantesca que a gente vive cada vez com mais intensidade...

Dimenstein – Quando falávamos, era como se fosse grego, as pessoas não conseguiam captar.

Tas – Mas ninguém sabia o que estava acontecendo. Nós fomos muito criticados no *Vitrine* porque as pessoas diziam que o programa havia mudado e que estávamos falando de algo "só para a elite", que era a internet. E eu insistia: "Não, a internet vai ser muito importante para todos e para tudo, principalmente para a educação. É importante divulgá-la numa TV pública". O Brasil entrou na rede muito cedo, muitos cientistas brasileiros participaram e participam da internet globalmente, desde o início. O órgão que regula o registro de domínios na internet brasileira, o registro .br, é um dos melhores e mais eficientes do mundo.

Dimenstein – Retomando minha pergunta inicial, então, em relação ao mundo digital, o *Vitrine* foi o primeiro programa da TV aberta a tentar divulgar o mundo digital, porque na época só havia uma jornalista que escrevia sobre a internet na *Folha de S.Paulo*, a Maria Ercilia...

Tas – E, no jornal O *Globo*, havia a Cora Rónai.

Dimenstein – Na *Folha* apenas duas pessoas tinham *e-mail*: eu e a Maria Ercilia. E você, nessa época, começou a divulgar a cultura digital. Você se sentia incompreendido?

Tas – Não, nunca visto a carapuça do "ninguém me entende". Eu vou seguindo, falando as coisas em que acredito, até a hora em que começo a ter interlocução, e as pessoas vão chegando. Muita gente... Gosto até de falar o contrário: o *Vitrine* começou a ter uma audiência significativa, tanto de público normal quanto de atenção de empresas e instituições. Nós entrevistávamos tanto o mundo acadêmico quanto o mundo empresarial sobre esse assunto. E criamos um *blog* do *Vitrine* em 2001 – um *blog* de um programa de televisão! –, porque queríamos ouvir o telespectador, uma coisa também muito nova. O telespectador sempre foi chamado "o da poltrona": ele fica parado na poltrona vendo televisão. E nós dizíamos: "Escreva para nós, interaja, participe".

Dimenstein – E aí sua vida foi rumando para outras coisas até chegar hoje ao CQC. Existe um ponto essencial na sua trajetória que é a intersecção da comunicação com a educação e o mundo digital – a interatividade. O que o professor precisa saber para lidar com essa geração que é colaborativa, que é interativa? Quer dizer, o cara da poltrona desapareceu; isso significa que o sujeito da carteira também desapareceu?

Tas – Na verdade, é o seguinte: o cara da carteira não é mais o mesmo, assim como o telespectador não é mais o mesmo, o ouvinte não é mais o mesmo, nem o leitor, nem seu filho ou sua namorada. Ninguém é mais o mesmo. Nem a nossa tia que não usa internet é mais a mesma. Porque ela sabe que tem um sobrinho que pode descobrir onde ela pode comprar um liquidificador mais barato, na internet. Então, aquele mundo da passividade, da fonte única de informação, acabou. Aí, se você me pergunta o que o professor tem que aprender, a primeira palavra que me ocorre é *ouvir*. Porque o professor, assim como o comunicador de televisão, até então só falava, não ouvia ninguém. O jornalista também trazia o que aconteceu no Brasil e no mundo e jogava no ar sem se importar muito com a resposta do público. O líder empresarial também era assim – o sabe-tudo que passava informações mastigadas para os seus subordinados, que não podiam discordar ou dar outras ideias. Isto tudo acabou, definitivamente. Hoje, às vezes o consumidor sabe mais sobre o produto do que o líder da empresa que fabrica o produto. E mais: ele pode criticar isso publicamente, ele pode exigir mais.

Aí existe um raciocínio perigoso, que é o seguinte: "Ah, então, o professor já não é necessário, nem o líder empresarial, nem o jornalista...". Esse raciocínio é muito perigoso. *É justamente agora que eles são absolutamente fundamentais! Agora é que é a hora.* Antes não: o seu Erivani, meu professor de história lá em Ituverava, podia colocar qualquer pessoa copiando a aula dele na lousa, não era preciso que fosse ele a fazer isso. Agora, sim, o professor é indispensável. Por quê? Porque agora todo mundo tem aula a hora que quiser, o conteúdo está disponível em todo lugar. O professor é necessário para filtrar, provocar, estimular, inspirar, causar *insights*. Enfim, o professor deve ser um agente do *discernimento* – talvez a palavra-chave da era em que vivemos. Discernimento hoje é o ouro em pó.

Dimenstein – Agora tem o drama da velocidade...

Tas – Mas isso sempre houve.

Dimenstein – Sim, mas se hoje você passar um mês sem se conectar, já fica defasado.

Tas – A gente pensa que *agora* é que está veloz. Mas o fundamental não muda tanto.

Dimenstein – Mas, Marcelo, entre a produção do conhecimento e sua disseminação, entre a invenção e sua colocação no mercado... Quanto tempo levou para a televisão ficar popular, o rádio, o livro, a internet? O Facebook tem 500 milhões de pessoas...

Tas – Mas o que estou dizendo é que a criação das coisas fundamentais é a mesma. O surgimento de um João Gilberto, de um Mozart, de um Fernando Meirelles ocorre com a mesma frequência. Não existe uma produção gigantesca de gênios de uma hora para outra. Existe uma diferença, hoje, que é a velocidade e a possibilidade de *publicação* do conhecimento: isso é absolutamente novo. Aí é que entra o diferencial da velocidade na era digital.

Dimenstein – Veja a facilidade e a rapidez de divulgação de uma ideia, de uma invenção, de um vídeo... Hoje o moleque chega lá e coloca na internet...

Tas – Se eu escrever no meu celular agora – "estou aqui no Catraca Livre" – pronto! Muita gente vai saber que eu estou aqui. Se tivermos uma boa ideia para lançar podemos começar um movimento.
Uma das tarefas mais frequentes da minha vida hoje é dar palestras e consultorias. É curioso. Tenho falado para públicos dos mais variados: veículos de comunicação, bancos, grandes empresas de tecnologia, universidades, escolas. Para me preparar para conversar com esse público fui buscar a primeira representação de uma sala de aula de que se tem registro no mundo. É uma pintura da Renascença, de um artista chamado Giorgio Vasari. E está lá uma sala de aula do século XI, Idade Média – é a Idade Média representada pela Renascença. Aliás, o nome *Idade Média* foi criação desse pintor. O conhecimento, claro, já existia. Tem muita gente que acha que na Idade Média não existia o conhecimento. Pelo contrário, houve uma explosão de conhecimento, *mas não se publicava*. Renascença: de novo, explosão de

conhecimento *e publicação*. Aparece Gutenberg: e aí, o que acontece? A possibilidade de publicação estava nas mãos de poucos, do dono da estrutura de poder para publicar um livro, por exemplo. Eram estruturas muito grandes, proporcionalmente, como as emissoras de televisão atualmente.

Quando comecei a trabalhar com TV, lá na Olhar Eletrônico, só os donos de emissoras de televisão é que podiam publicar programas de televisão. A revolução que vivemos agora é que a publicação vem de todos os lados! Qualquer garoto pode publicar seu programa de televisão no YouTube. Se um cara do interior do Espírito Santo tem um filme ou ideia relevante, ele pode publicar e friccionar aquilo com alguém em Oxford, Harvard ou Hollywood.

Dimenstein – Ou seja, em resumo, como o que tenho pesquisado e visto nesse sentido, *o mundo virou uma grande comunidade de aprendizagem.*

Tas – Exato. Sem limites geográficos e até com uma relativa democratização das oportunidades.

Dimenstein – De qualquer forma, o mundo virou a sua Ituverava, porque a rua e a escola viraram...

Tas – Ou a minha Nova York.

Dimenstein – Na verdade, a sua Ituverava nunca o deixou. Você a levou para Nova York, para São Paulo, para o Rio... De alguma forma, essa busca de união entre a rua e o ensino formal sempre esteve presente – no *Rá-Tim-Bum*, no *Telecurso* etc. De alguma forma, a comunidade de aprendizagem foi um pouco a sua lógica, ou seja, você sempre foi guiado pela ideia de aprender em tudo quanto é canto e lugar: no mundo digital, no vídeo, no teatro, na dança, na ECA, na Poli... Daí, sua atuação como educomunicador fez todo sentido também.

Tas – Acho que neste momento, tão rico de possibilidades, em que a gente sente as coisas escorrendo pelos dedos – por isso entendo quando você toca na questão da velocidade –, o que realmente importa é o que vale desde sempre: ter *conversas de qualidade* – que é uma coisa que aprendi com meu avô.

Dimenstein – Que é o espaço mais interativo possível.

Tas – Que é alcançar realmente o outro. O melhor dessa história toda é uma coisa muito brega, de um "filósofo" chamado Odair José, compositor popular brasileiro: "O importante é o verdadeiro amor". O importante é contar uma história que toque o coração do outro. E aí começamos a interagir. Pode ser pelo Facebook, por meio de um videozinho, filme de cinco ou de 500 milhões de dólares – tudo bem. Mas também pode ser numa conversa.

Dimenstein – O que você quer dizer é o seguinte: o que move as pessoas é a emoção, é o coração.

Tas – O que cada pessoa leva para o resto de sua vida é o que lhe toca o coração.

Dimenstein – Em nossa conversa, o tempo todo você colocou assim: o meu aprendizado significou uma grande emoção. A emoção de chegar ao Teatro Ruth Escobar, a emoção de circular pelo East Village, de ver que a vaca morreu... O ato de aprender de forma intensa é o ato de se emocionar. E a comunicação o levou a emocionar as pessoas.

Tas – É isso mesmo. E a ser emocionado. Na comunicação, o importante é estar aberto, o que é uma tarefa bem difícil. O ser emocionado é muito importante para o que estamos falando agora, porque principalmente nós, seres de transição, que viemos do mundo analógico, com muitas certezas, às vezes não nos deixamos emocionar porque já sabemos tanta coisa: "Não, *peraí* que já vou falar o que você está me perguntando"... E aí não nos permitimos ouvir ou encontrar alguém que vai modificar nossa vida. Penso, aqui, por exemplo, naquele garoto que apresentei a você, o Buiú, com quem havia cruzado na periferia de São Paulo, uma grande alma, um grande artista do grafite. Se eu estivesse na minha velocidade usual, porque "sou o apresentador do CQC" e coisa e tal, acabaria não conhecendo algumas figuras fundamentais. São oportunidades muito ricas hoje.

Dimenstein – Tentando ir um pouco mais fundo: você disse que encontra sentido na diversão, que a diversão leva ao aprender, que significa se conhecer. Mas a verdade-substrato disso é que você encontra sentido não só na diversão, *mas naquilo que o emociona por ter aberto uma possibilidade*. Seus aprendizados são motivados pelas emoções. Por isso talvez a educação seja difícil hoje: se não se conseguir emocionar de alguma maneira a pessoa, não há aprendizado. Porque a palavra *emoção*, no latim, significa "mover", é o que move.

Tas – Olha que legal essa imagem! Por isso, quando um garoto hoje diz: "Isso não está me emocionando", devemos procurar outras coisas que possam *movê-lo*. Existem tantas coisas, tanta concorrência ao redor para ele olhar! Eu entendo e tenho compaixão pelo drama do professor.

Dimenstein – É ele que está na sala de aula com os alunos, não somos nós que estamos lá.

Tas – Eu entendo o drama do professor porque é uma concorrência muito forte: os *games*, o Facebook, o filme que acabou de sair, o celular... Afinal, o garoto tem o celular no bolso e, às vezes, tem diante dele uma aula que não o move – com o mundo inteiro potencialmente se movendo dentro do celular dele! Por que ficar prestando atenção na aula? Por isso, respeito, admiro e valorizo o professor que, talvez naquele momento, na sala de aula, possa mudar a vida daquele garoto com duas palavras.

Dimenstein – Não será a escola do futuro aquela que melhor souber fazer a composição, que você fez na sua vida, entre a escola e a rua, e vice-versa? Entre o cotidiano e os conhecimentos clássicos? Porque você falou coisas importantes em relação ao aprendiz sofisticado e muito do que disse aqui, Marcelo, o caracteriza como um renascentista típico. Você trabalhou com as ciências, com as artes... Na verdade toda a sua vida foi meio renascentista, no sentido de que na Renascença as pessoas estudavam física, matemática, pintura... Será que não é justamente isso a escola do futuro, que une o cotidiano com o tradicional, a rua com a escola, e exige que o cientista saiba filosofia, poesia, matemática, química... Será que não é essa escola que derruba o muro e torna a comunicação o elemento fundamental?

Tas – Talvez aperfeiçoar a comunicação seja a chave para aproveitar melhor o tempo. Se conseguirmos deixar as pessoas motivadas, num estado de paixão, de prazer com o que elas estão fazendo, o tempo fica muito mais gostoso. Às vezes o estudante pode resolver uma prova da Poli, ou levar cinco minutos resolvendo um problema de cálculo, e depois gastar o resto do tempo dele ouvindo música, por exemplo. Vai melhorar muito como aluno e como pessoa.

Dimenstein – Marcelo, você tem muito contato com essa molecada que desenvolve *software*... Eles aprendem por tentativa e erro, não é?

Tas – Sim, a minha vida hoje é centrada na interação com esse tipo de molecada, principalmente através das redes digitais, Twitter, Facebook... Essas são as que eu uso hoje; amanhã, não sei o que vai ser. Eu ouço e converso com esses caras *o tempo inteiro* e eles me ensinaram uma coisa importante: eles não têm medo de errar. Repare: geralmente o pai não sabe usar o celular, mas o moleque da casa sabe. Chega o DVD novo, alguém diz: "Chama o gênio da casa", aí aparece aquele sobrinho de 12 anos. Tem muita gente que acha que esse garoto é um gênio. Você acha, Gilberto, que esses moleques são mais inteligentes que um adulto? Não, eles não são mais inteligentes, mas têm uma diferença fundamental em relação ao adulto: eles não têm medo do erro. Saem apertando os botões sem medo de "pagar mico" e acabam aprendendo por tentativa e erro, justamente. O adulto, do alto da sua arrogância, prefere olhar para o aparelho de DVD e colocar a culpa na tecnologia. Ele não vai tentar mexer porque, se errar... Ele é um adulto, não pode errar. Não pode "pagar o mico" de não saber das coisas. Sobre o Twitter, vejo muito adulto dizendo: "Não, eu não tenho Twitter porque essa é uma ferramenta de pessoas desocupadas". Ou seja, há uma geração de adultos sendo excluídos da revolução digital por arrogância. O adulto geralmente cria um distanciamento porque tem medo do erro. E hoje temos que aprender a descobrir o mundo através da interação. De forma coletiva e colaborativa.

Dimenstein – Então você está tocando num ponto crítico, ou seja, um drama da escola é que ela ensina as respostas certas.

Tas – Exatamente. Ela *elogia o erro* ao acentuar que não podemos errar. Ela *dá poder para o erro*. O erro é o rei. Esses moleques não dão importância para o erro. O erro não é um obstáculo; é parte do aprendizado – a gente erra e aprende, erra e aprende.

Dimenstein – A escola tem que ser uma casa de curiosidades e de experimentações, onde o erro seja o grande mestre.

Tas – O erro pode ser um grande mestre. E vou dizer outra coisa que pode ser muito estranha: a escola também deve ser um lugar de *desaprender* o que consideramos essencial, definitivo. Geralmente a escola guarda verdades absolutas num cofre forte: "Não, isto daqui está muito bem guardado, não quero desaprender isto aqui". Neste mundo veloz e colaborativo, às vezes temos de abrir mão daquilo que aprendemos porque talvez o prazo de validade já tenha vencido. Precisamos às vezes desaprender o que sabemos para abrir espaço para aprender coisas novas e necessárias.

Dimenstein – Foi Thomas Edison que, diante da pergunta: "Quantas vezes você errou até inventar a lâmpada?", respondeu: "Nenhuma. Eu descobri, sim, 902 jeitos de como *não* fazer a lâmpada".

Tas – Você conseguiu me dar várias iluminações hoje, Gilberto. O meu "brigadeiro" Antunes Filho falava assim: "Não guardem esses passarinhos mortos dentro da caixinha". Aí ficava todo mundo um tanto confuso... Os passarinhos são aquelas ideias geniais que a pessoa acha que teve e fica guardando. O passarinho está vivo, mas ela o mantém guardado por tanto tempo, apertado entre os dedos, que ele morre sufocado. "E, depois que ele morre, vocês ainda o colocam debaixo do travesseiro e ficam guardando aquele cadáver pelo resto de suas vidas", dizia o velho Antunes. Às vezes, a gente se apega a coisas que foram relevantes numa época...

Dimenstein – Não queremos nos desapegar. É preciso inovar e...

Tas – E abrir mão – até do sucesso, do que foi certo durante um tempo.

Dimenstein – Só mais uma coisa, Marcelo: e as dificuldades durante a aprendizagem? Porque, afinal, aprender nem sempre é prazeroso. Às vezes a recompensa está só lá no fim do processo... Crescer, para você, deu trabalho, não foi?

Tas – Claro, toda vez que falo de diversão, é importante entender isso. Fazer a Poli não foi nenhuma diversão. Quer dizer, às vezes o estudo é penoso, às vezes fazer o *CQC* é penoso – são 40 pessoas trabalhando, é uma tarefa árdua produzir as reportagens, fazer o texto...

Dimenstein – Você está diferenciando diversão de entretenimento. Entretenimento é se divertir sem fazer força; a diversão que é estimulante e criativa é um trabalho de disciplina...

Tas – O mais legal é eleger a diversão mais sublime possível, que é conhecer a si mesmo, conhecer pessoas, conhecer o mundo. Porque o período que passamos aqui nesta vidinha é muito curto. Então, buscar uma outra dimensão para o que estamos fazendo nesse período tão curto é uma diversão muito ambiciosa e especial.

Dimenstein – Você já está descobrindo?

Tas – Eu estou sempre a caminho da descoberta. Sempre a caminho. Acho que estar na trilha já é uma maneira de me colocar para a descoberta. Às vezes acontece uma descoberta...

Dimenstein – Apesar de eu estar um pouco longe, encerro esta conversa dizendo que, para mim, está muito claro o seu caminho. Talvez ele tenha várias trilhas diferentes, mas o seu caminho de compartilhar o que você aprende, de aprender a toda hora, com qualquer pessoa, desde o seu avô analfabeto até "os brigadeiros" que o encantaram, de alguma forma fez parte desse trajeto todo.

Tas – Então já tenho uma decisão tomada: eu vou ler este livro, para tentar entender tudo isso.

Dimenstein – Obrigado, Marcelo. Ficou ótimo.

Tas – Eu é que agradeço pela conversa.

Casa do Zezinho:
Transformando a vida de milhares de crianças e jovens de baixa renda

A Casa do Zezinho é uma entidade não governamental, localizada entre os bairros Capão Redondo, Parque Santo Antônio e Jardim Ângela, na zona sul da cidade de São Paulo.

Fundada em 6 de março de 1994, a casa abre a todos os Zezinhos um espaço de ação e realizações em seus 3.200m². O projeto atende 1.200 crianças e jovens entre 6 e 21 anos, que frequentam escolas públicas da região.

A Casa do Zezinho é lugar de reconhecimento, respeito, inclusão e amigos. Um lugar de esperança para o futuro tocado pela graça da convivência, do afeto e, sobretudo, da liberdade. Um espaço verdadeiramente familiar.

Mais informações pelo *site* **www.casadozezinho.org.br**
ou pelos telefones **(11) 5512-0878 / 5819-4481 / 8152-4061**

D&D ASSESSORIA DE COMUNICAÇÃO

PAPIRUS   7 MARES   CBN CAMPINAS FM 99,1   RAC REDE ANHANGUERA DE COMUNICAÇÃO   CPFL ENERGIA

A campanha **Não faça de sua vida uma página em branco: Colabore com quem precisa de você** foi idealizada pela Papirus e pela D&D Assessoria de Comunicação com o objetivo de divulgar o trabalho de entidades envolvidas em ações sociais sérias e meritórias. Assim, as últimas páginas dos livros da Papirus, que costumavam ser em branco, agora trazem textos informativos sobre tais entidades. A campanha conta com o apoio da Central Brasileira de Notícias (CBN) de Campinas, da Rede Anhanguera de Comunicação (RAC) e da CPFL Energia.

GRÁFICA PAYM
Tel. (011) 4392-3344
paym@terra.com.br